災害の記憶を解きほぐす

阪神・淡路大震災28年の問い

関西学院大学
震災の記録プロジェクト
金菱 清(ゼミナール)編

新曜社

目次

装幀　大橋一毅（DK）

文中の断りのない写真は、著者の撮影・提供による
（　）の数字は、インタビュー調査・写真撮影の年月日を表す
文中のデータは調査時点に基づき、阪神淡路大震災から27年とした

まえがき

金菱　清

東日本大震災から遡ること16年前に、阪神淡路大震災が発生した。まさかの出来事として、未曾有の都市災害に直面したのであるが、ボランティア元年と呼ばれるなど、時代を画するターニングポイントになったことは、日本の歴史上で一定の評価がなされている。しかし、それから28年という年月がたつと、被災地は震災を知らない、あるいは経験していない世代が大半を占め、それにしたがって当事者性を失いつつあることも、現実の課題としてある。

本書は四半世紀たった今だからこそ、阪神淡路大震災の実相の一端を明らかにできるとの狙いを持って編んだ論集である。つまり、震災直後の記憶の鮮明さに比して、時間軸を先へ伸ばした時に、人々は震災をどのように受け止め、それを内部で咀嚼して言葉として紡ぎだせるのかである。災害のインパクトのある記憶は、ただ直線的、一方向的に消失していくのではなく、社会の中で記憶が喚起されて異なるかたちで鮮明になることがある。たとえば、災害や戦争などの犠牲者の追悼施設や記念碑は、その最たるものである。集合的記憶の提唱者であるモーリス・アルヴァックスは、記憶と忘却は、生理的であるとともに、すぐれて社会的な現象でもあると考えた。後者に引きつけていえば、記憶が再構成されて、継承される契機になることを示唆しているだろう。

もっとも、それはナショナルなものとして、施設などを媒介して歪んだかたちで統合される危険も常に持ち合わせていることは、否定できない。しかし、個々の記憶を解きほぐしてみると、公的な記憶には回収されえない「個別民衆的（ヴァナキュラー）な記憶」が顔を覗かせることがありうる。すなわち、災害当時は見えてこなかった災害の課題群が個々の記憶を通して実相となって立ち現れる可能性を、私たちは見過ごしてはならない。

本書において私たちは、いわば、「時間軸の先に現れる震災史」を試みようと思う。本書の構成は以下の通りである。

Ⅰ　ご遺族のその後

復興はできる限り早期に完結すべきものであるが、ご遺族にとってはまったく別で、亡くなった人は戻らず、復興は実現しえない未完の課題である。それでも、27年の歳月の中で、喪失の悲しみや不条理との葛藤を彼女や彼らなりに解きほぐしながら、亡き人との関係性を築き上げてきたことも、また事実である。第1章「愛娘の遺骨を抱いて、夢がつなぐ絆」では、地震で亡くなった娘さんを性急に彼岸の世界に送ることなく、自宅の祭壇に遺骨を祀り、対話を続けているご遺族を取り上げる。第2章「双子のライフイベントに見出した〝ツイン〟ソウル」は、双子のうち息子さんを亡くした女性が、助かったもうひとりの娘さんの成長を素直に喜べない心の葛藤とどのように向き合ってきたのか、20年以上の歳月をかけて双子の母親ならではの「リスタート」をどう導き出したかに寄り添う論考である。

Ⅱ　震災障害者の問いかけ

被災者の生活支援に取り組み、支援団体「よろず相談室」を立ち上げた牧秀一さんは、震災発生から10年を経て、震災で障害を負った人やその家族の集いを開き、生活実態を丹念に聞き取り、取り残された震災障害者の存在を訴えてきた（牧秀一編『希望を握りしめて――阪神淡路大震災から25年を語りあう』能美舎）。第3章「震災で抱えた障害の唯一無二の痛み」では、震災時の外傷によって病名もわからないまま障害を抱えた娘さんとその母親をめぐって、震災を語る場と高次脳機能障害を語る場のどちらにも、居場所のない疎外感と孤独感を感じてきた苦悩に迫り、牧さんとの出会いによって、震災障害者固有の痛みを社会化するヒントを探ろうとする。第4章「震災障害者の明るさの由来と記憶の鮮明さ」は、自宅の倒壊でクラッシュ症候群となり、長期の入院手術やリハビリ生活を経験した男性にとって、体の自由がきかない嘆きやつらさなど、負の感情を伴う記憶が残るはずである。ところが現在、震災当事者としてよろず相談室を担う中心メンバーとなり、ボランティア活動を通じて、周りの当事者を支援し続けている。ポジティブな明るさの転換力はどこから来るのか、記憶の鮮明さと消えない孤独感との関連を探る。

Ⅲ　震災の忘却と記憶

震災発生から27年経つ記憶とは、どのようなものだろうか。震災のトラウマとは少し異なる角度から論じる。第5章「幼少期のトラウマが守った〝楽しい〟震災の記憶」は、ある高齢女性から、阪神淡路大震災後の避難所生活が楽しかったと語られたとき、筆者は当初、大した記憶ではないと聞き流そうとした。しかし、それにしては語りが明晰である点をさらに掘り下げていくとそこには異なるトラウマが顔を出し、それが震災の記憶を相殺させていることを発見する。第6章「大きな出来事の風化と小さな記憶の発見」は、震災の風化と社会の忘却という時間の経過を経て、四半世紀誰にも語られなかった小さな出来事の記憶が、悔恨の感情とともに現れた。これらの記憶と忘却のアイロニーは、災害伝承や負の経験の語り継ぎを再考させる。

Ⅳ　復興課題とコミュニティ

災害の強いインパクトと復興のかけ声に引きずられて、経済回復や都市の再生計画が、短期間に設定される。しかし、長期的な視野で見れば、性急な復興は必ずしも正解とは限らない。まず第7章「商売と生活を立て直す戦略」では、ある商店街の小さなレストランにおいて、そのことを取り上げる。短期間に大規模な復興計画を実行した結果、商店街の衰退を招いた地区とは異なり、個々の商店が震災で負った経済力と生活両面の損失を長期にわたって吸収し、自力復興を果たしたような、地元に根づいた生活戦略を明らかにする。第8章「「公」と「私」の交錯の先に見えた震災の教訓」では、災害の最前線に立つ地方公務員は私事より公務を優先しなければならないと考えられがちである。しかし「公」と「私」が交錯する震災の現場で行政職員が経験した葛藤を通して、今では職員の私的な安全確保が災害の初動対応の戦略とされている。私の優先が公の利益に結びつく震災の教訓を見ていく。第9章「仮暮らしの「20年問題」」は、ほぼ永遠に来ないと思っていた借上公営住宅の20年の契約期限が現実のものになり、行政の退去通告という壁にぶつかった住民に驚きと不安を生み出すことになった。この問題をコミュニティ論として読み替えることによって、災害借上住宅に潜在する矛盾と解決方法を考えるヒントが得られるだろう。

付記

本書の調査は2021~22年に行った。牧秀一編『希望を握りしめて』（能美舎2020）には、牧さんによる震災障害者や被災当事者の方々への詳細なインタビュー記録が収められている。本書第3、4、7章と同じ方々が語られているほか、復興の切実な課題群も深く考察されている。同書のDVD付録「証言映像　阪神淡路大震災　震災高齢者・障がい者の声」は第40回「地方の時代」映像祭2020で優秀賞を受賞した作品である。合わせて参照されたい。

Ⅰ　ご遺族のその後

2023年1月17日
西宮市阪神・淡路大震災犠牲者追悼之碑
（兵庫県西宮市・西宮震災記念碑公園）

第1章　愛娘の遺骨を抱いて、夢がつなぐ絆

多田　彬人

はじめに

「お母さんが赤ちゃんを抱っこするイメージ、そういうイメージで（娘の遺骨を家に）納めていて、そこにずっといるからね、娘の姿はないけどそこにいるっていうイメージかな、だから、いま私の気持ちとかもすごく安定しているので、わざわざお墓に入れなくても。まあ言えば、（お墓に入れると）娘がいなくなっちゃう感じだから」（中北富代さん21・1・20）

最愛の人が突然亡くなると、なかなかその事実を受け止めることができない。それでも人は厳しい現実と向き合いながら、葬儀や納骨など喪の儀礼を通じて亡き人の供養を行う。

しかし、納得のできない死について遺族の当事者は葛藤に苛まれることになる。震災は一瞬にして大切な家族を亡くす出来事である。そのなかで、人は家族の死を乗り越えられるのか、そしてその後

どのようにして生きていこうとするのか？

亡き人がこの世に遺した〝もの〟である遺骨、遺品と、亡き人に会う夢を通じて、納得のできない死とどのように折り合いをつけていったのか。本章では、震災直後だけでなく、27年の時間の幅をとって、あえて乗り越えない方法について考えてみたい。

1　愛娘の死

ここで紹介する中北富代さん（調査時70歳）は、1995年1月17日に起こった阪神淡路大震災において、当時、中学2年生であった、娘の百合さんを亡くされ、今もなお、自宅の祭壇に遺骨を祀り続けている。

中北富代さんは、5人家族で、亡くなった娘の百合さんは当時14歳、3人きょうだいの一番上の長女で弟が二人いた。震災の日は、家族で自宅のある兵庫県西宮市の夙川《しゅくがわ》にいた。中北さん夫婦と長男次男は二階の同じ部屋で、百合さんは一人だけ二階北側の部屋で寝ていた。「まるで人間が何人か入る段ボールに入れられ魔人が段ボールを揺さぶっているような」と表現されるほどの強烈な震度7の揺れが家族を襲った。中北さん夫婦と長男次男の部屋は二階から斜めに傾いて滑り台のように落ちたが、百合さんの部屋だけは、まっすぐ一階に崩れ落ちた。

百合さんと次男の間はわずか1メートルくらいの距離だったが、わずかな距離が明暗を分けて、百合さんだけが亡くなった。ほんの数十秒で大きく運命が分かれ、一方は命が助かり、他方は一瞬で命を失った。地震の恐ろしさとともに、自然の脅威の前では人間の命などひとたまりもない現実を痛烈に突きつけられた。

百合さんの弟たちは二つのタンスが倒れて重なったわずかな隙間に入り、生き延びることができたが、百合さんは崩れ落ちた家の屋根の下敷きになった。中北さん夫婦はタンスの間の隙間で辛うじて助かったが、中北さんは壁側に寝ていたので土壁の下敷きになり、右手しか動かせなかった。

夫が崩れた家の中から窓ガラスを割り、外へ出て子どもたちに声をかけ、長男と次男からはすぐに返事があった。長男は脱出したが、次男は動けなかったので懐中電灯で照らしながら声をかけ、ご近所さんたちと協力して瓦礫をなんとか移動させて、2時間かけて助け出した。百合さんの返事は返ってこなかったが、家の屋根が真っ逆さまに落ちてきたため、即死だったとあとでわかった。

突然のお別れが、このようなかたちで中北さん家族に訪れてしまった。まだこの段階では、何が起こったのか、家族には理解不能であったと思われる（次に述べる否認の状態）。ここから震災遺族の心がどのように動いていくか、考えていきたい。

2　遺品・遺骨を残し続ける

2.1　死の受容過程

エリザベス・キューブラー＝ロスは、死生学を生涯探求し続けた、アメリカの精神科医である。キューブラー＝ロスは著書『死ぬ瞬間』の中で、避けられない死を受容していく悲しみの過程を、否認・怒り・取引・抑うつ・受容の五段階でモデル化することを提唱した（キューブラー＝ロス 1969＝2001。以下も同）。

彼女は人が自らの死を受け容れていく過程のモデルを示したが、災害による家族の死を受け容れていく遺族にも、共通したものがあるように思われる。遺された家族は、愛娘の死を受け容れるまでにある程度時間を必要とする。ロスの指す否認と怒りの時期でもある。訃報を聞いた人たちがお花を供えてくれたが、この段階では、まだどこか他人事のように事実を受け容れていなかった。

小さな公園に15軒の応急仮設住宅が建ち、中北さん家族4人には手狭であったが、1年半もの間、そこで仮の暮らしを送ることになった。

わずか4畳半の部屋に友人から借りた炬燵用のテーブルを置いて食卓として、夜はテーブルを片づけて、一つの布団に中北さんと次男が寝た。六畳では一つの布団で夫と長男が就寝した。調理台がないのでキャスター付のカウンターを買ってそこで料理した。洗濯機は屋外に置かざるを得なかった。窓を開けると、公園の木々や六甲の山並みが見え、美しい自然がつかの間心を癒してくれた。

2月に学校が始まったが、中北さん家族はこの局面を生きていくのに必死だった。阪急電車などもまだ不通だったが、百合さんの友達が供養に訪ねて来てくれた。しかし、中北さん自身は心も体もこわばって動けないことに、ひどく不安を覚えていた。百合さんの死を受け容れるにはほど遠く、「否認」と「怒り」のただ中での生活であった。

その間、自宅が解体され更地になる過程で、最後に家から取り出してほしいものはないかと夫に聞かれ、3人の母子手帳を頼んだ。夫がヘルメットをかぶり危険を冒して、3人の母子手帳を探し出してくれた。

中北さんの夫は建築家として安藤忠雄事務所で16年間働いていたが、震災を機に退職した。仕事を続けるには、心の傷があまりにも大きかったからである。仮設住宅で1年半暮らした後、自然を取り込んだ住宅を再建した。それは「(娘の) 百合さんは自然の力で喪ったけれども、私たちは自然の恩恵を受けて生活をしているので、自然の恵みを大事にした」家づくりをめざしたからである。雨水を貯めてトイレの水に使う。冬の暖房は太陽光パネルで自家発電した電気を用いる。夏は太陽熱の温水器で沸かしたお湯でシャワーを浴びる。そして少しでも天国にいる娘と対話できるように、屋上に上る階段を作った。これはキューブラー＝ロスのいう第三段階の「取引」をするかのように、前へと動き出す試みであった。

2.2　百合さんの祭壇

中北さんのもとには、数多くの遺品、つまり百合さんゆかりの〝もの〟が遺されている。それは、中北さんが百合さんの遺品を捨てるのが怖いというよりも、捨てることで百合さんが居なくなるという恐れの心理状態から抜け出せないでいたからである。百合さんのものを捨てることに中北さん自身

写真 1.1　百合さんの祭壇
（中北さん提供。以下同）

写真 1.2　百合さんの習字作品

が耐えられない感情を抱いていた。たとえば当時百合さんが使っていたアクセサリーは、中北さんが持っていても仕方がないので、百合さんの仲のいい友達に譲ってあげた。それはみずから捨てるのは無理だが、かさばるものではないので、友達がお守りのように大切にしてくれることを望んでいた。

一種の「抑うつ」状態にあったといえるが、ここでは時間の経過とともにいわゆる「抑うつ」と「受容」に近い両方が見られる。

新しい家づくりのなかで、部屋の一室に夫がデザインした百合さんの祭壇を作り、百合さんの遺骨を祀っている。百合さんが学校の習字の授業で課題として提出した作品「人類の理想」は、額縁に入れて祭壇近くに掛けられている（写真1・1、1・2）。

また、百合さんの遺品を置くために新しい家にロフトを作った。ロフトに置いてある「Y」と書かれた段ボール箱二つの中には、百合さんが当時使っていた、お弁当箱・筆記用具・教科書・ノート・本・文房具などが入れられている。

ダンボール箱は新しい状態できれいに保管している。常に拭くようにしているが、感覚的には拭いても拭いても、震災当時の瓦礫のザラザラ感が残っていると感じる。それを乗り越えて、受け容れていくためにも、遺品を残し続ける道を選んだ。捨ててしまったらもう手元には戻ってこない、それならば捨てる必要はないという。ただ、遺品を残し続けたものの、中北さんは怖くてずっとこのダンボール箱を開けることができず、長年ロフトに置いたままだった。

2.3　遺骨を抱いて

一般的に遺骨は本来お墓に納められる。その方が成仏できると周囲から言われたことがある。しかし、中北さんは受け容れなかった。むしろ自分自身が一番安心できるように、中北さんの思い通りに、遺骨を家の中に置き続けてきた。

所属するお寺の住職からも、この考えを支えるかのように、気の済むまで遺骨を置いたらいいですよと促された。寂しい思いをするのならむしろお墓に入れなくてもいい、好きなようにすればいいと、助言をしてくれたのである。もちろん、何回か迷ったがどうしても無理であった。家の中で「ここにいる」ことが中北さんの心の安定につながっていると感じるからである。

百合さんの遺骨に向かって、話しかけたい時に話しかける。声に出さずに手を合わせる。毎日出かける時、何かあった時も「孫を見守ってね、みんな元気にしているよ」とすぐそこで話しかける。火葬場では、泣きながら骨壺の中に百合さんの小さくなった骨を入れた。ただ、遺骨を骨箱から出して見たことはない。

中北さんは自ら陶芸で、丹精込めて骨壺を作った。自分の手で捏ねた土にいろいろな思いを込めて成形し、完成した壺に百合さんの遺骨を納めてやりたいと願った。たとえば、お母さんが赤ちゃんを抱っこするような感じで、姿はないけれどもそこにずっといるイメージである。その時にも、お墓に入れてしまったら家から居なくなってしまう寂しさを感じたのである。

百合さんの遺骨は、中北さんが手作りした骨壺の中に眠り、夫がデザインした祭壇に祀られている。そこに百合さんの習字作品が掛けられた一室は、百合さんの精神性にみちた空間となっている。

3 〝もの〟が結びつける声と精神性

〝もの〟との距離をいくつかの遺品を通じて見ていきたい。

中北さんは震災から18年経った2013年、大学院に進学した時に、百合さんの遺品に研究の手がかりを探そうと思い立ち、ロフトに置いた遺品の段ボール箱を開けたのである。

遺品の中に言葉の発達というノートがあった（写真1・3）。百合さんが小さい頃に言葉を話し始めた時から何歳何ヵ月でこういうことを話した、などをずっと書き留めていたものを、百合さんが小学一年生で文字が書けるようになった時に中北さんが一緒にまとめたものである。このノートをいつでも見られるように二階の部屋の決まった場所に置いている。時々読み返してエネルギーをもらっている。

祭壇のそばに掛けられた百合さんの習字作品は、中北さんにとって、文字を見ているだけで、希望を見出せるような、精神性を感じ取ることができる。百合さんがしゃべったことを記録した言葉の発達ノートも、それを見ているだけで、幼い時の百合さんの声が聞こえてくるだけでなく、その時の状況まで思い出すことができる。たとえ時間が経過して何十年経っても、見えないけれど百合さんをそこに感じることができると中北さんは言う。

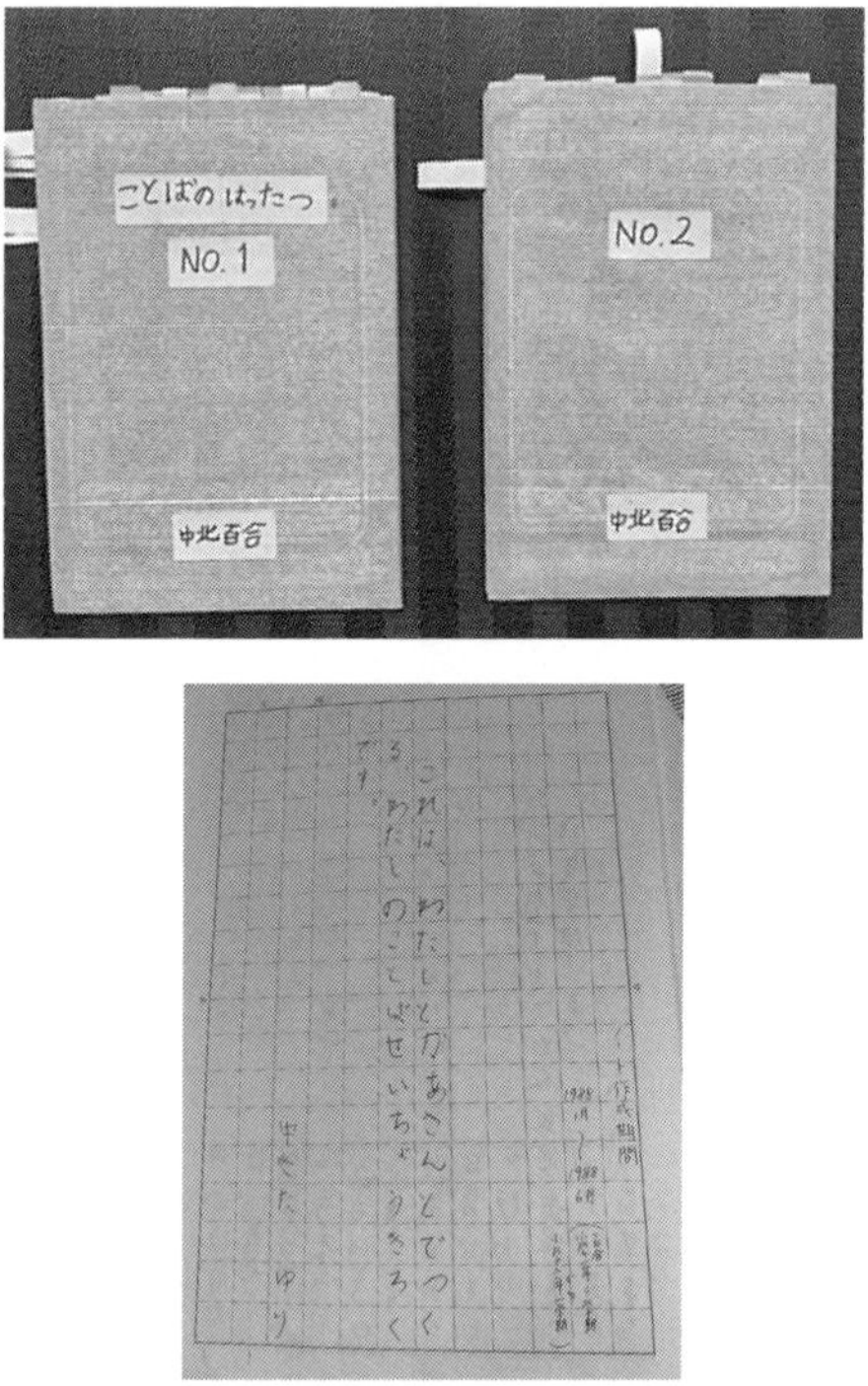

写真１.３　言葉の発達ノート

ロフトの段ボール箱に入れてある遺品は、たとえば文房具などには共通の思い出がなく、百合さんの記憶の喚起はない。それでも、遺品と通じ合うことがある。特に大事にしているものはＢ４サイズの家族新聞「ＯＩＤＥ通信」である（写真１・４）。１９８５年から子どもたちが発行した家族通信で、父や母はいまこんな仕事をしている、野菜を育てているなど、近況報告を写真入りで載せている。

震災以降は、２００２年まで中北さんが発行を続けた。

これは家族の歴史だから、ふだん忘れていることでも、これを見れば思い出すことが可能である。言葉の発達ノートも、家族新聞もすべて、百合さんの精神性に通じるものがある。目に見えない思い出やさまざまな思いにつながっていくために、捨てずに大切にしている。中北さんは、そこからエネルギーを補充してもらって、今は百合さんはそこに存在しないが、何とか頑張ろうと思えるのである。

写真 1.4　OIDE 通信

中北さんの話を伺っていると、死を乗り越えるという意味について再考を促される。普通、喪の儀礼を通じて供養を行い亡き人の魂をあの世へ送ることで、徐々にではあるが心の平安がもたらされるのではないだろうか。世間一般ではそれを「死を乗り越える」という言葉を用いて、死の昇華を承認する。

しかし、どうしても納得のいかない死について、人はこのようなかたちで、乗り越える必要があるのだろうか。それぞれの生き方があってよいのではないか。事実、中北さんのように亡き人がこの世に遺したものすべてにおいて、亡き人の精神性を感じながら絆を結び、共に生きていく道を模索してきた人がいる。もしかすると、人が生きていることと、亡くなって姿はないことに、それほど大きな差異はないのではないか。百合さんと一緒に生きている中北さんを見ていると、そういう感覚に襲われる。中北さんが思い続けている限り、赤ちゃんを抱いているように、百合さんはずっとそこに存在している。姿は見えないけれども、間違いなくそこにいて、それでいて心が安定している現実がある。

4　夢がつなぐ亡き人との絆

震災の爪痕の深さに対して、人はどれだけの事を成して、どういう経路を辿り、心の安定を取り戻すのか。投げつけられた喪失、その後の新しい出来事をどのように受容していけばいいのだろうか。抑うつは、キューブラー＝ロスの悲しみの第四段階である。亡き人を取り戻す願いが無駄であると悟る頃、当事者はうつ状態に陥る。現実を直視し無力感が深刻となる。それとともに、「かけがえのないもの」との永遠の別れを覚悟するために、他人から癒されることのない、絶対的な悲しみを経験せねばならない。

そのような状態のなか、人はどのように受容に至り、立ち直っていくのであろうか？　そのきっかけとなる事実があるのであろうか。それは亡き人が声をかけるというものである。背後から呼ぶのではなく、前方から生きるように促す。そのような夢の体験が中北さんにはある。

大切な人を亡くしたとき、私たちはどのような夢を見て、何を思うのか。亡き人の夢は、「断ち切られた現実に対して、死者となおもつながり続けることができる希望（のぞみ）なのだ」（金菱編

2018: 233-4)。実際、中北さんにも不思議な夢の体験があった。

4.1 夢に会いに来てくれた百合さん

中北さんは、百合さんを亡くした後、百合さんが夢枕に立った経験を8回持ち、それを克明に覚えている。27年経った現在でも、いつ立ち直ったかと聞かれると、わからない、今も立ち直ってはいないのでは、と答える。ただ、中北さんが誰にも会いたくない、声をかけられたり励まされるのさえ嫌だった時期から、8回にわたり夢で会った百合さんが〝前に〟進むように、人と話すように背中を押してくれたのだと解釈をしている。夢に立ってくれたお陰で、今までさまざまなチャレンジに向かうことができた。

初めて百合さんが夢に会いにきてくれたのは、震災の年の1995年7月18日、次男の誕生日であった。とても長い夢でとても幸せだった。再会できたことがすごく嬉しい気持ちで、震災後の瓦礫の町を百合さんと二人で手をつないで歩いていた。「百合ちゃん、私たちいま4人で仮設住宅に住んでいるんだよ、一緒に行こう」と話している。すれ違う知り合いの人たちが驚くと、百合さんが生き返ったと紹介している。それでも、仮設住宅の整理ダンスの上に百合さんの遺骨が置いてあることを思い出して目が覚めた。あまりにも夢の中が幸せだったため、目覚めた後は激しく落胆した。百合さんは当時の中学二年生の年齢だった。

8回の夢の中で一番嬉しかったのがこの1回目だったのは、百合さんが生き返ったと思ったからである。「百合ちゃん　死ぬってどんな感じ？　百合ちゃんどうしていたの？」と夢の中で百合さんに聞いている。それに対して百合さんは「百合ね、ずっと夢を見ていたの」と返してくれた。

7回目の夢は1997年の7月13日、1回目の2年後になる。7回目の夢までなぜか百合さんがどんどん幼くなって、年齢が低くなっていくのだ。7回目の百合さんは、1歳2ヵ月になってよちよち歩きで、バギーにも乗っている。危なっかしいが、自分でとことこ歩いている様子で、中北さんは「今日は百合を連れて来ているんです」と震災後にお世話になったシスターに話している。シスターは「あなたが百合ちゃんなのね」と言って彼女を抱っこした。この夢も克明に覚えている。

2回目の夢は小学校五年生の姿で、実際に持っていた紺色のセーターを着ていた。見たことのない家の中で百合さんが二階にいた。インターホンが鳴り「百合ちゃん出てくれる？　手が離せないから」と言うと、百合さんが「ハーイ」と答え、そこで目が覚めた。

3回目は小学校3年生の姿で、実家で、白地にオレンジの小さい花柄か水玉のパジャマ、上に赤いセーターを着ていた。洋服タンスの中に隠れていて、中北さんが「百合ちゃんこんなところに居たの？」と声をかけると、百合さんは「百合ね、ずっとここに隠れていたの」とその時の小学校三年生の声でしゃべっている。髪の毛が長くハーフアップで止めている百合さんを抱きしめて、髪を撫でている。その生々しいくらいの手の感覚を今でも覚えている。夢であっても会えて嬉しいという気持ちと、夢であったことに落胆する気持ちが交錯する。顕著だったのは手の感覚である。夢は視覚だけではない、声も聞こえ、百合さんの姿も見える、感触もわかる、夢は五感で見るということを初めて実感した。

小学三年生だった3回目の夢から、1歳2ヵ月になった7回目の夢までは、だんだん小さくなっていったのだが、いつ、どのような夢だったのかが思い出せない部分が多い。今まで夢は百合さんと二人きりの夢なのに、見たこともない子どもたちがたくさん出てきて、その中で百合さんが赤ちゃんを抱いているような夢もあった。

4.2 百合さんが背中を押してくれた

ところが8回目に見た夢が1997年10月15日であるが、その時は高校生になっていた。中高一貫校に通っていた百合さんが、少し変わった高校の制服を着ていたため、高校生になったことがわかった。文化祭の準備で学校に行っていて、夢の中では百合さんの妹がいて、なぜか亡くなっている設定になっていた。「暗くなったらすごく危ないから、必ず母さんの携帯に電話してね。迎えに来るからね」と中北さんは言っていた。不思議なのは、当時はまだ携帯を持っていなかった。そして百合さんが「これ以上何かあったら母さん、大変だもんね」とだけ呟き、校舎の中に消えていった。

百合さんは妹が亡くなって悲しんでいる母親を心配していた。今まで、ずっと夢の中で百合さんはちっちゃく幼くなっていった。しかしこの夢で、成長した百合さんは中北さんをかばってくれ、そして思いやりが感じられた。なぜか目が覚めても、とても幸せな気持ちであった。その夢を最後に、その後25年間百合さんは一度も夢に出てきていない。高校の制服で校舎の中に入っていったのが最後になる。

震災後3年弱ほどの間に、どんどん小さくなっていき、最後に少し大きくなった百合さんを見せてくれた。自身が亡くなった後を心配して、この夢を最後に母が前に歩き出せるように、背中をそっと優しく押してくれたように思えた。

立ち直ってなどいないが、27年経った今でさえ、夢で百合さんに導かれ、幸せと絶望を繰り返し、ある程度のあきらめがつくようになった。そして前に踏み出さないといけない、そう思うようになっていった。夢をきっかけに、百合さんが行く先を照らして背中を押してくれた。家族に報告しないことも、祭壇には報告して心の中で語りかける。

中北さんは百合さんが夢枕に立つたびに、それを生きる力に変えてきた。明日を生きていけるように少しの間そばにいてもらえる感覚になる。目覚めた時に現実を突きつけられるのがつらいが、だんだんと目覚めて過ごしているうちに、姿は見えなくても、百合さんはそばにいると感じられるようになる。

中北さんは、22年後の2019年にドキュメンタリー塾で映画製作を学び、息子たちにも協力してもらい、映画作品『海の日曜日』を製作した。姉・百合さんに対する弟・息子たちの思い、震災のこと、両親に対する思い等を映像化し、作品は「地方の時代」映像祭の市民・学生・自治体部門で優秀賞を受賞した。これも夢枕に立った百合さんの存在が大きいと中北さんは感じている。

おわりに

前述したように、キューブラー＝ロスの悲しみの五段階は、否認、怒り、取引、抑うつ、そして受容に至るプロセスである。また、その間を行き来して、次の段階に進んでいく。そして最後は受容で完結である。キューブラー＝ロスは自らの置かれた状況を理解し、それを受け容れられる段階を受容と述べている。

中北さんの行動と考えにおいても、この行程が想定できる。しかし受容で完結するのであれば、なぜ中北さんは遺骨を抱き続け、27年経っても納骨して区切りをつけないのか、わからないだろう。遺骨を抱き続けて、夢の中の百合さんに慰められ、絆で結ばれている。遺品から百合さんの声や精神性を感じ、前を向いて生きている事実がある。すなわち、この受容の過程にはより「深い理解」が必要なのではないだろうか。つまり、死を乗り越えないまま、前を向いて歩き続ける受容の仕方である。遺骨や遺品という〝もの〟を媒介にしながら、故人との持続する精神的なつながりを見出すプロセスでもある。

参考文献

朝日新聞 2023.1.18「阪神大震災28年　生まれる前の震災伝える　ゼミ生が記録「不安和らげる」」（中北

富代さん、多田彬人、金菱清へのインタビュー）

金菱清（ゼミナール）編 2016「呼び覚まされる霊性の震災学――3・11生と死のはざまで」新曜社
金菱清（ゼミナール）編 2018『私の夢まで、会いに来てくれた――3・11亡き人とのそれから』朝日新聞出版
河村直哉・中北幸・家族 1999『百合――亡き人の居場所、希望のありか』国際通信社
エリザベス・キューブラー＝ロス 2001『死ぬ瞬間――死とその過程について』鈴木晶訳　中公文庫
エリザベス・キューブラー＝ロス 2003『人生は廻る輪のように』上野圭一訳　角川文庫
アルフォンス・デーケン 2011『死とどう向き合うか』ＮＨＫ出版

参考資料

shinn のブログ 2009. 4.9『生きる喜び』https://ameblo.jp/shigeto1953/entry-12548389925.html（2022.9.24 閲覧）
神戸新聞 2013. 1. 15「「阪神・淡路」で犠牲　長女の日記が生きるヒント」https://www.kobe-np.co.jp/rentoku/sinsai/18/201301/0007527503.shtml（2022.9.24 閲覧）
毎日新聞 2019. 12. 6「阪神大震災で長女亡くした主婦、ドキュメンタリー撮影し「地方の時代」映像祭優秀賞」https://mainichi.jp/articles/20191206/k00/00m/040/023000c（2022.9.24 閲覧）
甲南女子大学社会貢献課 2020. 1. 24「映画『海の日曜日』上映（監督・中北富代）阪神・淡路大震災25周年メモリアル　震災復興チャリティーイベント「いのり」　総合プロデューサー池谷薫」https://www.konan-wu.ac.jp/for_inside/event/detail.php?id=3252（2022.9.24 閲覧）

第2章　双子のライフイベントに見出した〝ツイン〟ソウル

出原　優輝

はじめに

「私としょう君、どっちが死んだほうがよかった？」

亡くなった息子の双子のきょうだいである娘からこのように質問され、母親は答えに窮してしまった。双子が生まれてまもなくは、性格や成長に個別性がないため、親はわが子を二人で一人とみるのではないか。育てていく過程で一人ひとりの違いを見出すことが、双子の母親としての楽しみであり、発見だろう。

本章では、阪神淡路大震災で双子の一人を亡くした母親が、〝双子〟（ツイン）ゆえの独特の難しさがつきまとうなかで、どのように過去と向き合い、震災の記憶と共存できるようになったのかを考えていく。

1　双子ゆえの苦しみ――双子の息子・しょう君を亡くす

1.1　高井さん家族の被災

高井千珠《ちづ》さん（調査時60代）は、知人の結婚式に参加するため、当時1歳半の双子だった将君（男児：以下しょう君）と優ちゃん（女児：以下ゆうちゃん）を抱え、山口県の自宅から実家の兵庫県西宮市に帰省していた。その時に阪神淡路大震災が発生して実家が全壊、しょう君が倒れたタンスの下敷きになって、帰らぬ人となったのである。高井さんは地震の恐怖から体を動かせず、そばで寝ていたしょう君を守ることができなかった。そのことで、母親として息子を救えなかったと罪悪感を抱いていた。

双子という特性上、生きているゆうちゃんの成長を見ることで、亡くなったしょう君の成長も想像することができる。そのため、彼を亡くした悲しみの感情はその都度立ち上がってくる。むしろ、娘の成長する時間の経過とともに、悲しみや罪悪感は増加することになる。

母親の高井さんは、1歳半で成長が止まったしょう君と、成長し続けるゆうちゃんとの間で、双子一人ひとりとの向き合い方を上手く見つけることが困難となり、しょう君の母親としてのアイデンティティを積み重ねることができなかった。

「私には優ちゃんと同じぐらい将くんも大切、そして将くんと同じぐらい優ちゃんが大切、だから今まで死なずに生きている、一人で寂しがっているだろう将くんにごめんねごめんねとあやまりながら。…（中略）…私はやじろべえのように違う世界にいる二人をかかえ、なんでも同じようになるようにゆらゆらバランスをとりながら毎日を過ごしている」（ブログ「将くんのホームページ」1995. 12. 24）

1.2　同一視とは

母性看護学者の今野和穂たちは「双子の母親が双子一人ひとりの違いを見つけることを楽しみながら、違いを個性として捉え双子一人ひとりとの関係性を深めることや、母親役割の獲得を促進できる可能性が考えられる」（今野ほか 2016: 15）としている。

子どもを亡くした親には、子どもの成長が止まってしまう人と、亡くしても心の中で時間が進む人が存在する。高井さんは、心の中ではしょう君の成長も進んでいた。しかし、娘の成長は目に見えるが、しょう君のそれは進んでいるが目に見えない。心の中と現実が一致しないことに違和感を覚えた。それは娘の成長に合わせて、どうしても息子の姿を重ねてしまうからだ。この双子特有である同一視が、高井さんを苦しめた原因の一つである。

教育心理学者の登張真稲は「同一視の概念は、投影（projection）など精神分析における他の概念と関連がある。投影は、主体が自分自身の受け入れられない無意識の傾向を対象に帰属し、それを対象が持っている傾向だと知覚する心理学的節約の方法である」（登張 2021: 113）と述べている。つまり、高井さんがゆうちゃんの姿を見るとき、無意識にしょう君のことを考え、心の中にしょう君が常に存在していた。それにより、娘との関わり方に難しさが生じていた。

しかし、震災から4年半が経ち、夫の転勤で西宮市に引っ越してきたとき、当時7歳で小学校一年生のゆうちゃんに「私としょう君、どっちが死んだほうがよかった？」と問われた。その答えは高井さんにとってかなり難しかった。「どっちとも生きてほしかった」と思ったままを伝えることで精一杯だった。

高井さんは震災後、山口県の自宅に帰ってからの4年間、天国でお母さんを探し回って泣いているしょう君の元へ行き、抱っこしてあげたいと常に思い続けていた。悲しみに暮れつつも、ゆうちゃんを大切に育ててきたつもりだった。しかし、幼い娘にそのような思いをさせていたことを反省し、しょう君の話題を少し減らしたり、大好きだからねという言葉を娘に多く伝えるようにした。

1.3　カレンダーをめぐる苦しみ

現実には、双子でありながら一方は時間が進み、他方は時間が止まってしまっていた。そのため、高井さんはゆうちゃんだけが日々大人の階段を上っていくことに違和感を抱き、素直に成長を喜ぶことができなかった。特に、双子の同一視は、娘の入学式、卒業式、誕生日などの人生の通過儀礼（ライフイベント）を迎える時に強まり、亡くした息子への想いや悲しみ、つらさが増していった。

たとえば、2000年春のゆうちゃんの小学校の入学式に向けての準備をしている時に、本当だったらしょう君も入学するのにと、高井さんは心から喜べなかった。そのため「もうすぐ入学だ！　おめでとう！」「ゆうちゃん、おめでとう」と娘だけがお祝いをしてもらうことは、つらくてできなかった。高井さんは、みんなが亡くなったしょう君を忘れていると一抹の不安を感じていた。高井さんの中では「本当はしょう君も入学できていたはずなのに……」という思いの方が強かったが、このことは双子でなければ感じることはなかったはずである。そのため、入学準備としてゆうちゃんだけでなく、しょう君にもランドセルや勉強机を買ってあげることで、やっとゆうちゃんの小学校入学を祝うことができた。

双子でなければ実際に入学式に参加し、子どもの成長を肌で感じることはなかったであろう。双子として、同時に息子の姿を想像できるのは、成長過程が同じ時間軸で起きるからである。しかし、双子の母親である限り、娘の大事な入学式には参加しなければならない。高井さんは、自分がつらくて入学式に参加したくないからといって、娘の貴重なライフイベントを自らの手で奪うことはできなかった。

2　心の中のしょう君とゆうちゃんの双子を育てる

2.1　心の中のしょう君

高井さんは心の中にしょう君が常に存在し、自分のそばにいると思っていた。娘を抱っこする時は、片手でゆうちゃん、もう片方でしょう君をというつもりでいた。食事もゆうちゃんと同じメニューで約10年間しょう君のご飯を作り続けていた（写真2・1）。

誕生日やクリスマスは二人分のケーキとプレゼントを用意し、しょう君の写真を添えてお祝いした。娘が大きくなり外で祝う時は、お店に頼んで息子の名前もプレートに書いてもらった。幼いゆうちゃんが何も知らずに、無邪気な笑顔でケーキに立てられた二人分のロウソクの火を吹き消す姿を目にすると、涙が止まらなかった。これも双子で、誕生日が同日であるからこそである。

また、遠出の際には常にしょう君のお骨を持って出かけた。しょう君は生前お母さんがいなくなると泣きながら探していたため、しょう君を一人でお留守番させるのはかわいそうと思ってのことである。たとえば、しょう君が大好きだったミッキーに会いに行くために、ディズニーランドにお骨を持っていき、息子の写真と共に写真を撮ってもらったこともある。

ゆうちゃんと二人だけで写真を撮ることは、しょう君を仲間はずれにしている気がしてできなかった。だから、必ずしょう君の写真と一緒に撮ってもらった。

写真2.1　2歳の時のゆうちゃんとしょう君のごはん
（1995年。高井千珠さん提供。以下同）

2.2　しょう君のお母さんとしての居場所

高井さんの心の中では、娘と同様にしょう君も育てているが、実際はゆうちゃんの子育てだけだった。しょう君の母親としての居場所は、現実には見つけられないでいた。

高井さん一家は、震災が起こる数日前に夫の知人の結婚式に参列するため、実家の西宮に帰省していた。夫は、震災前日の1995年1月16日に山口県の自宅に戻ると言ったが、高井さんは双子たちと共にもう少し神戸に残ることを決めた。しかし、夫を新神戸駅まで見送りに行った時に、しょう君は自分が次の日に震災で亡くなることを予感していたかのように、今まで以上に泣き続け夫から離れようとしなかった。高井さんは、自身が神戸に残ることを選択したことが原因で、しょう君の生きる時間を止めてしまったという罪悪感を抱き続けていた。

この罪悪感を払拭するために、高井さんが息子のためにできることは、二つあった。一つめが「自分も人生を楽しまない」ことであった。ご飯を食べて美味しいと感じること、テレビを見て面白いと笑うことなど、しょう君ができなかった「生きること」で経験するすべての感情を抱いてはいけないと、厳しく自分を戒めていた。

高井さんにとって、しょう君は「亡くなった人」ではなく、天国にいる「私の子ども」である。たとえ、息子が天国へ旅立ったとしても、しょう君の母親である事実は変わらない。だから、みんなと同じように子どもの話をしたくて息子の話をすると、みんながつらそうな顔をされた。高井さんは息子を失ったことで、自分は「かわいそうな人」と思われているのだと感じた。周囲の視線に常に怯え、次第に息子の話をすることができなくなっていた。

しかし、ある日、原爆で幼い子どもを失ったという母親のインタビューをテレビで見た。インタビューの中で、その人は「原爆で子どもを亡くし50年経つ今まで息子の話を誰にもしたいと思わなかった。でも、自分が死んでしまったら、息子を知る人はこの世に誰もいなくなり、彼の存在が消えてしまう。だから、50年経った今ではあるが、心の底に閉じていた想いを話したいと思った」と答えたそうだ。

高井さんはその言葉を聞き、テレビに映るその姿が自分を映しているかのように見えた。悲しみの中で友達や親戚の人に息子が生きていたことを忘れられてしまうのではないかという不安が大きくなっていた。幼稚園や学校に通っていた子はそこに名前が残されるが、1歳半だった息子は、どこにも名前が残らないのではないかと考えるようになった。そのため、しょう君の「生きた証を残すこと」

が母親である自分の役目であると考え方が変わった。これが二つめである。

2.3　インターネットを通した気づき

高井さんにとってインターネットとは、以前に同じ経験や思いをした人と連絡を取るなかで、悲しんでいるのは自分だけではないと気づかせてもらった場所である。

高井さんは震災から半年後の1995年6月からブログを、2000年1月17日からホームページを設立していた。しょう君が好きな花などを見るとどうしても思い出して、涙が止まらなかった。そこで、しょう君との思い出や日々の悲しみの想いをインターネット上で発信した。返信いただいた言葉を見ることで、自分だけが悲しい思いをしている訳ではない、自分のそばに居てくれる人がいると感じた。高井さんにとって唯一心の底に閉ざされた想いを話せる場所がインターネットであった。そしてそれは、しょう君の生きた証を残すためだけでなく、震災を生き延びてくれたゆうちゃんへの感謝を忘れないためでもあった。

インターネット上にしょう君の「生きた証を残し続ける」ことで、震災から4年経った1999年頃には、現実で見失っていたしょう君の母親としての居場所（役割）を見つけることができた。そして、しょう君のお母さんでなくなった苦しみから少し解放された。

3　向き合い方を変える大きなきっかけ

3.1　ゆうちゃんのお母さんとして

インターネット上でしょう君のお母さんとしての居場所を見つけた高井さんであるが、まだまだ、高井さんの中では、しょう君を失った悲しみが大きく、人生をどう生きるのか見つけられずにいた。だが、高井さんの考え方が大きく変わるきっかけが訪れた。

震災から9年経過した時、高井さんの父親が急逝したことである。高井さんは両親のいる実家の近所に住み、毎日寝る前に「おやすみ」と直接挨拶していた。父の死を悲しんだことが息子の死の記憶を呼び覚まし、フラッシュバックする可能性もあった。しかし、高井さんの父親のお葬式に、高校や中学を卒業して50年近くたっている父親の友人が参列し、父親との思い出をたくさん話してくれた。

「父の人生って私が親として見ていた人生以外にこんなに楽しい人生があったんだな、私は父が性格的に『死んだもんはしゃーないやろ』と思っているのかなと考えていた。誰かが亡くなった時には、その人の生き方が残された人にすごく影響して、亡くなった人がつらい人生だったのかなと思われることが一番つらいんだなと思った」（高井千珠さん21・6・1　以下同）

そこで、高井さんは自分が死んでしまった時に残すことになるゆうちゃんのことを考えるようになった。自分が生きている間は、ゆうちゃんがつらい思いをしても励ましたりすることはできるが、亡くなってしまうと彼女に寄り添うことができなくなる。また、自分の死で娘が悲しんで笑顔を失ってほしくなかった。そのため、今の自分の生き方や悲しみに暮れている姿を変えれば、父親が亡くなった後、前を向けたように、自分が死んでも、娘もそういう風に考えてくれるんじゃないかなと思った。そして、どうすればゆうちゃんが立ち直ることができるのかを考えると、「今を楽しく生きることが大切だ」との思いに至った。

また、高井さんが天国に行く時はしょう君と会えるのだから嬉しいことであると同時に、ゆうちゃんとの別れの時でもある。このままでは、しょう君と離れ離れになった時に後悔したように、娘との別れの悲しみに埋もれてしまうと不安を感じた。だから、その時に心配せずに天国へ行けるように、娘と笑顔で過ごす時間をつくらないといけないと考えるようになった。高井さんの娘への強い思いが、今を楽しく生きていこうという考えに変わっていった。

それからは、ゆうちゃんに「ママ、私のために生きてくれて、楽しい時間をたくさん過ごしてくれて、ありがとう。あとはしょう君のためにいろんなことをしてあげて」と言ってもらえるように過ごしている。

写真2.2　1歳の時に川べりで2人仲良く遊ぶ
しょう君（左）とゆうちゃん（右）（1994年）

3.2　しょう君のお母さんとして

父の死以前の高井さんは、罪悪感から人生を楽しまないように過ごしてきた。だが父の死を経験してからは、しょう君は天国でそのようなことを望んでいないと思うようになった。

「息子＝娘の成長と捉えており、娘が私のことを心配してくれるようになったりとか、自分のせいでママがつらい思いしているねとか、日常の中で言った時に、息子も成長しているので、あ、僕のせいでママがつらい思いをしているのかな、ごめんねって謝っているように感じて、私は息子にそのように思わせたくないし、そう思わせないためにも、息子から見えた時に、私が楽しんでいる姿を見せた方がいいのかなと思った」（同）。

高井さんが抱いていた、しょう君に対する罪悪感の一つである「自分も人生を楽しまない」ことは、ゆうちゃんの成長する姿によって打ち消され、自分も人生を楽しんでいる姿は、天国でしょう君が喜んでくれると考えるようになった。生きることができなかった息子の分まで代わりに楽しんで生きる、それが彼のためである。いずれ来る再会の日までにたくさんの思い出をつくり、しょう君が経験できなかった未知の体験を伝え、喜ばせてあげることが母親の役割であると、考えを転換できるようになったのである。

4　震災の記憶と共存する

4.1　ゆうちゃんの存在

高井さんはゆうちゃんの日々の成長に苦しむ一方で、その成長によって救われた面も多くある。震災時は娘が1歳半であり、話すこともできなかった。また、話せるようになることも心から喜べなかった。しかし、成長したゆうちゃんが隅っこで泣いているお母さんを見つけると、駆け寄って「ひとりじゃないからね」と声をかけてくれた。娘の存在をそばで感じるとともに、息子の成長＝娘の成長と考えていたため、しょう君もそばで励ましてくれているような気がした。

また、ゆうちゃんが、記憶にないしょう君を好きでいてくれることや、彼の話をいっぱいしてくれることが、高井さんにとって少しほっとする瞬間でもあった。しょう君と遊んだ日々を覚えていないゆうちゃんに、しょう君のことを押しつけるのではなく、自然としょう君を思う気持ちが生まれていることが、母親として非常に大きな喜びになっていた（写真２・２）。

4.2　一人ひとりの成人式

高井さんにとって父の死の次に大きなきっかけとなったのは、娘の成人式だった。一般に成人式とは、子どもが20歳になり大人になったことを自覚し、みずから生き抜くことを考える機会である。親にとっては、子どもの自立と共に子育てが一段落する区切りでもある。成人式は高井さんにとって、どのような意味合いがあったのか、ここで紐解いていく。

震災から19年後、成人式を迎えた優さんから「今まで育ててくれてありがとう」と感謝の言葉を贈られた。20年間双子の母親として苦悩と闘い、育ててきた高井さんにとってかなりほっとした瞬間だった。今まで双子特有の同一視により、日々の生活の中でどうしても娘の成長を息子と重ねていたため、成人式によって二人の子育てに区切りがついて親としての役割を終えたと感じた。

しかし、母親として一つだけ心残りがあった。それはライフイベントの際に、優さんお一人の写真を残せていないことだった。これまで将さんを一人ぼっちにしている気がしてどうしてもできなかった。七五三の時は、共に成長できなかったしょう君に対する悲しみが大きく、お祝いできなかったため、写真もない。高井さんはそのことをずっと心の中で申し訳なく思っていた。撮ってあげたいとは思っても、それができずに苦しんだ。それでもどうしてもとの思いが強くなり、しょう君の写真と一緒の撮影をゆうちゃんに提案し、家族4人一緒に撮ってもらった。

あの日から約19年経過し、様々なことやいろいろな人の支えや出会いがあり、成人式では娘だけの写真を残してあげたいと思えるようになった。

成人式の前撮り撮影でたくさん優さんの写真を撮った。アルバムの表紙にする写真を1枚選択しなければならないが、高井さんはどの写真も愛しく選びきれず、何枚も焼き増しを注文していた。その姿を見て、娘も親の愛情を感じとってくれたと願っている。

4.3 しょう君の成人式のお祝いに絵本を作成

成人式の日に、子育てにひと区切りをつけることができた高井さんは、優さんに成人式のお祝いのプレゼントとして振袖を着させてあげたため、将さんにも何かプレゼントをしたいと考えた。

高井さんからしょう君にプレゼントできるのは「19年経っても変わらないあなたのことを想っているよ。みんな将くんのことが大好きだよ」という気持ちだった。その気持ちをかたちにしたいと思い、一冊の絵本を作成することにした。

天国に一人旅立った将さんの生きるはずだった時間を思うと、何をしても悲しみなしでは過ごすことができなかった。その時間の流れにたくさん苦しんで、たくさん泣いてきた。

しかし、様々なきっかけにより、日々を泣いて暮らすのではなく、将さんのためにできることをしようと思えるようになっていた。絵本の作成を区切りに、優さん同様に将さんの子育てを修了するように、19年間の想いを将さんに向けて描いた。

高井さんはその絵本を描いて二人を想い続けることが、一日一日を生きる源になっていることに気づいた。約19年間、いつも生活の中には将さんが存在していた。「どうすれば、ママを許してくれるの?」「しょう君のために、何をできるだろうか?」そればかりを考えて、19年間を過ごしてきた。

そして、高井さんの悲しみを一生懸命に受け止めて、常にそばに居てくれるのは優さんだった。当初は、将さんのために作るはずの絵本だったが、もう一度、高井さんに笑顔を思い出させてくれた二人に、たくさんのありがとうの気持ちを込めた。描き終わると二人への想いがいっぱい詰まった絵本になっていた。

5 ライフイベントの個別性

5.1 悲しみに暮れた娘のライフイベントと、その中で見えた光

これまで見てきたように、高井さんは双子特有である同一視により、優さんの幼稚園入園、卒園、小学校入学、卒業、誕生日など、時間が経過するにつれて増えていく娘のライフイベントが苦悩の種となっていた。常に優さん=将さんと同一視してしまい、娘の姿を息子の姿とどうしても重ねて見てしまうため、娘の日々の成長を心から喜ぶことができなかった。

とはいえ、すべての娘のライフイベントで悲しみに暮れていたわけではない。たとえば、優さんの幼稚園卒園式の日、式の終了後に園長先生から将さんの卒園証書を頂いた。将さんは幼稚園に通えなかったが、高井さんと園長先生は昔からつながりがあったため、園長先生によるサプライズだった。

みんなの記憶から将さんの存在が消えてしまうことを恐れていた高井さんは、それまで同世代の男

の子を見ることやかわいそうな人と思われることがつらくて、知り合いに会わずにすむ夜にしか、外出ができなかった。しかし、園長先生の心のこもった計らいに、息子を忘れずにいてくれる人もいるのだと気づき、インターネット以外でも身近に将さんを想ってくれる人がいると知った。

「将さんのことを忘れてほしくない」「かわいそうな目で私を見てほしくない」という強い思いから、高井さんは無意識に人との間に自ら壁を作り、人を避けていた。そのことに気づき、常に気を使ってくれる周りの人や優さんに感謝できるようになった。その心変わりは、悲しみで埋もれていた暗いトンネルにわずかな明かりが灯った瞬間だった。

もし双子でなかったら、幼稚園の卒園式に参加できていなかった。優さんがいてくれるからこそと感じ、改めてあの時に生き延びてくれた娘に感謝する機会になった。成長していくライフイベントが同じだからこそ、悲しみの中で少しずつその様に感じていった。しかし、未だ息子と娘を重ねて見ていた高井さんは、ライフイベントの中で個別性をどのように見出し、優さん、将さん一人ひとりに向き合えるようになったのだろうか。

5.2　ライフイベントの中で見つけた個別性

前述したように、父の死以降は、息子＝娘として優さんを見るのではなく、優さんにしかない個性をライフイベントの中で見出すことができた。優さんが小学校6年間で心身共に成長したように、高井さんも大きく変わっていった。

高井さんは、自分が将さんを失った悲しみを抱え、どのように生きようとしているのかを娘に感じとってほしいと思い、小学生の時に授業を休んで震災の慰霊祭に連れていったことがある。しかし、会場で泣いている母親の姿を見て、娘は体調を悪くしてしまった。

また、高井さんは娘の中学、高校時代に受験勉強に時間をとられるよりも、たくさんの友達と様々な経験をしてもらいたいと考え、中学を受験する道を選択したが、思春期であった娘とたくさん喧嘩をした。言い合いぶつかり合うなかで、高井さんは自分の思いが娘を振り回しているのではないかと考えるようになった。そして、小学校の卒業式で優さんが友達と写真を撮っている時の笑顔を見て、母親の知らない間に、想像以上に娘が成長していることを目の当たりにした。優さんひとりのライフイベントに向き合うなかで、優さんの個別性を見出し、あの時生き延びてくれたことに、心の底からありがとうと、改めて娘の成長を素直に喜べるようになっていった。

当時のブログには次のようにつづられている。

「3年後　6年後のゆうちゃんは、どんなゆうちゃんになっているんだろうね
その瞬間、瞬間、すごく楽しい～!!って、思える毎日を過ごしてほしいと思う
ゆうちゃんが、いっぱいいっぱいいっぱい笑顔でいられるために
ママもいっぱい笑顔でいなくちゃね……」（06・3・21　卒業式当日のブログより）

写真2.3　震災慰霊碑を訪れた高井さん家族
（西宮震災記念碑公園の阪神・淡路大震災西宮市犠牲者追悼之碑。2000. 1. 17）

5.3　一人ひとりの現在地

震災から3年めの1998年1月17日に西宮市犠牲者追悼之碑が西宮震災記念碑公園に設立された。高井さんは、その除幕式に参列した。そして、そこに刻まれているしょう君の名前を初めて見た。そのとき名前が刻まれていることに、亡くなってしまったという事実を突きつけられた感じがした。同時に、改めてあの時、ゆうちゃんは生きていてくれたのだと実感することができた。

以前の高井さんは、息子と娘を重ね合わせ、将さんと共に日常生活を送っていた。しかし、慰霊碑は将さんが亡くなったという事実を世間に示す場所であり、心の中に常に将さんが存在する高井さんは、そのギャップに苦しめられていた。しかし、双子一人ひとりの個別性を見出してからは、慰霊碑には二つの意味があると考えるようになった（写真2・3）。

一つめは、優さんへの感謝である。高井さんが被災した西宮市の慰霊碑は、犠牲になった家族の名前が揃って刻まれている人たちも多い。それを見ると、あのとき、将さんと共に生きてほしいと願った優さんが、元気でそばにいてくれることに感謝するようになった。

二つめは、「生きていた証を残してくれている場所」である。前述したように高井さんは、常に将さんの生きた証を残したいと思い続けている。しょう君は1歳半という年齢だったため、幼稚園や小学校などそこに通っていた証（生きた証）を残せないまま亡くなってしまった。しかし、これから先何年も、あの慰霊の場所が存在する限り、将さんは生き続けると感じることができるからである。


「地震とか災害だと家族のうち何人も亡くなったりして、家が全壊しているのでゆうちゃんも私も死んでもおかしくない状況で、ゆうちゃんは生きてくれて、私はしょう君に生きてほしかった、亡くなったけれど、やっぱり生きてほしかったな、ってなんで助けられなかったのだろうってずっと思っていたけど、ゆうちゃんはあの時しょう君に生きてほしかったって思っていた時に、生きてくれた子なんだっていうのをそこにゆうちゃんの名前がなかった時に思ったんですね。だからこの子が生きてることにすごい感謝しよう！って思ったのが慰霊碑なんです」（21・6・1）

高井さんは慰霊碑からも一人ひとりの個別性を見出したといえるのではないか。慰霊碑を見て実際にどう感じるかは人によって異なる。刻まれた名前を泣きながら指でなぞる被災者の方も多数いて、慰霊碑が悲しみを呼び起こす場所になっているのも事実である。

高井さんにとって、二人とも大切な子どもに変わりはないが、一人は天国にいる大切な息子、もう一人は今を生きる大事な娘である。二人を同一視するのではなく、娘の成長につれて一人ひとりの違いを見出すことができたのである。そして、今を生きる優さんに感謝し、大切な二人のために「人生を楽しんで生きること」に目を向けられたのである。

おわりに

震災の悲しみと向き合うには、時間ではない、なにか「きっかけ」が存在する。

高井さんは「父の死」という大きなきっかけを経験した後、優さんのライフイベントの中で将さんと優さんの個別性を見出せるようになった。しかし、いずれ迎えるだろう結婚、出産など、優さんのライフイベントは、この先も存在する。孫が男の子だとどう向き合えばいいのかも、まだわからない。なぜなら、震災で将さんを亡くした悲しみは常に現在進行形で進んでいくからである。しかし、現在は過去にそうだったように、娘の成長に目を背けるのではなく、優さんの決めた道を素直に喜び一緒に応援できるようになっているのである。

しかし、「きっかけ」があることで、心の傷が完全に癒されることはない。なぜなら、これから先も将さんを亡くした悲しみの傷跡は心の中に残り、今後も優さんが迎えるライフイベントのたびに古傷として痛むことは避けられない。しかし、そのきっかけを見つけることで、過去の傷を生傷として抱え続けるのではなく、その傷と向き合い、大切な二人と共に現在を生きて、未来に目を向けられるようになったのではないか。

最後に、震災で引き裂かれた〝ツイン〟ソウル（双子の魂）をつなぎ合わせたいと願い、もがき苦しんできた高井さんの「今」の想いを紹介したい。

「2022年秋、娘が話してくれました。『私の命は自分だけじゃないんだよね。私が死んでしまったらパパとママやたくさんの人が悲しむんだよね。だから自分で死んじゃいけないんだよね』『一人暮らしする時に将君のお骨の一部か将君の写真をもらって行っていい？』

その二つの言葉を聞いて、私が28年近くかけてつらく悲しい時間の中で苦しみながら手探りで生きてきた時間は無駄ではなかった。この言葉は、私が頑張って生きてきた「ご褒美」だと思いました」（22・12・20）

参考文献
朝日新聞 2023.1.11「心のとなりで　阪神大震災28年　『どっちが死んだらよかった？』娘の問いに母の答えが変わるまで」

金菱清編　東北学院大学震災の記録プロジェクト 2019『悲愛――あの日のあなたへ手紙をつづる』新曜社
今野和穂・廣瀬幸美・臼井雅美・石田貞代 2016「双子を正期産で出産した母親の育児体験――肯定的感情が母親役割の獲得へ及ぼす影響」『横浜看護学雑誌』9-1: 9-17.
登張真稲 2021「同一視と共感との関連性」『生活科学研究』43: 111-23.

参考資料

「将君のホームページ　ママの想い」http://blog.livedoor.jp/omoi117/（2021.10.29 閲覧）
「将君のホームページ」http://www.ne.jp/asahi/sho/yu/（2000.1.17 設立 2021.10.29 閲覧）
「風花～かざはな～」http://angelsladderforshou.blog.fc2.com（2021.10.29 閲覧）
「将君のホームページ　阪神大震災　子供の死　子供の心のケア」http://www.shohp.sakura.ne.jp（2022.3.27 閲覧）
たかいちづ 2003『ゆうへ　生きていてくれて、ありがとう』ディズカヴァー21（2021.10.29 閲覧）
たかいちづ 2014『優しいあかりにつつまれて』文・たけざわさおり　絵・ひらた ゆうこ ひらた ひさこ（イラスト）（2021.10.29 閲覧）
NHKEテレ　こころの時代 2023.3.5「あなたに伝える物語～阪神・淡路大震災28年　ある家族の記録」

Ⅱ　震災障害者の問いかけ

よろず相談室の「なかまの集い」で笑顔を見せる城戸美智子さん（左）と洋子さん（右）（神戸市東灘区 2017 年 12 月 10 日。神戸新聞社提供）

第3章　震災で抱えた障害の唯一無二の痛み

米澤あゆみ

はじめに

「あんなに大きな災害があったのに、こんな風になったのはうちの洋子だけなん?」

城戸美智子さん（震災時42歳、調査時68歳）は、娘の洋子さんについてこう話している。当時中学三年生だった洋子さんは、神戸市灘区の自宅で震災に遭い、倒れてきたピアノの下敷きになり、脳に障害を負って震災障害者となった。神戸市でNPO法人よろず相談室を設立した牧秀一によれば、震災障害者とは、「震災（災害）起因で障害者（身体・知的・精神的）となった人」（牧編 2020: 53）のことである。

同書での証言をはじめとして、震災障害者の方たちは、自らを「忘れられた存在」と呼んでいる。行政や世間は亡くなった方々とその遺族、家を失った被災者ばかりに目を向け、震災障害者は「命があるだけまし」と言われ、補償やケアを受けることもなく、常に後回しにされてきたと訴えている。

震災障害者同士が出会い関わりを持つようになったのは、震災から長い年月が経ってからだった。同じ悩みを持つ人同士で集まり話し合うことは、震災障害者たちの癒しとなり心を軽くしてくれた。城戸さん親子にとっても、同じ痛みを抱える人たちで形成されたコミュニティの存在は、心の拠り所になっていたと考えられる。しかしその反面、美智子さんは、自分たちには居場所もなく落ち着かない、という不安と孤独を抱えていた。

本章では、震災障害者や脳外傷者のコミュニティにおける不安や苦しみの共有化と差異化を明らかにしていきたい。被災した方の生活史において、唯一無二の痛みと孤独とはどういうものであるのかを考える。

1　高次脳機能障害とわかるまで——震災後の生活史

1.1　洋子さんの被災

城戸洋子さん（震災時15歳）は、神戸市灘区の市営住宅に家族5人で暮らしていたが、八階建てアパートの二階の自宅で就寝中に震災に襲われ、新築だったアパートはほぼ全壊状態になった。窓や壁は落ち、扉はゆがみ、家具は転倒・散乱した。洋子さんは倒れてきたピアノで頭部を強打し、六甲の病院に運ばれたが容体はきわめて悪く、呼吸器やモニターにつながれた。「生存率は3％」、回復しても寝たきりになる可能性があると告げられるほど、油断できない状態であった。

しかし、母美智子さんの懸命な声かけと励ましにより、洋子さんは奇跡的に意識を取り戻した。そこからの回復は早く、呼吸器が取れてからは自分で食事をしたり、本を目で追って読んだりと、これまで通りの日常生活が送れるまでに回復したように思われた。

安心した矢先に、洋子さんの様子が何かおかしいことに、美智子さんは気づいた。初めて違和感を覚えたのは、入院中だった。と言っても、最初は知らない人にニコニコ挨拶をしに行く、など些細なことだった。当時は何かの病気だという診断もされていなかったため、何が原因なのか全くわからず、退院してからも違和感が拭えないまま、長いリハビリ生活が始まることになった。

1.2　リハビリから学校生活へ

震災を経てから、城戸さん親子の生活が一変した。では、洋子さんが高次脳機能障害とわかるまで、どのような生活を送ってきたのだろうか。

震災後、洋子さんが六甲の病院を退院してからは、城戸さん一家は鈴蘭台公園の仮設住宅で生活を始めた。そこでの生活は2年間に渡る。洋子さんに国からの支援や声かけも無く、不安を抱えていた城戸さんだったが、仮設で出会った人々からの優しい言葉に元気をもらった。仮設にいるのは震災で同じ痛みを負った人たちばかりで、詳しく事情を話さなくても「大変だったね」の一言でつらい気持ちを受け止めてくれた。それが当時の城戸さんの心を軽くしてくれた。

洋子さんの入院は3ヵ月にわたり、病院に搬送された時は絶望的であったが、そこから奇跡的に回復し、身体的にも元気になり、歩くことも食事を取ることもできるようになった。しかし、退院してからも洋子さんの症状は続き、自宅で日常生活を送るにつれて、これまでは気のせいかもしれないと思っていた違和感が確信に変わった。

お風呂で自分の体を洗えない、じっとしていられないなど、これまで当たり前にできていたことが突然できなくなり、美智子さんは戸惑いを隠せなかった。震災で一変した仮設住宅での生活に困惑しながらも、頼る先もなく、世間や行政からはないがしろにされる日々が続いた。美智子さんの不安と孤独は募るばかりであった。

美智子さんは迷いながらも洋子さんをリハビリに通わせることにした。2年間言語訓練や作業療法などに通い、かなりの時間、座っていられるまで落ち着いた。学校に復帰することになったが、洋子さんは震災時は中学三年生で高校受験の前だった。そこでご縁のあった私立の商業高校に進学することになった。

その頃に城戸さん一家は仮設住宅から、学校の近くの民間のマンションに引っ越した。洋子さんは毎日家の近所からスクールバスで高校に通学し、一年間皆勤だった。しかし、障害を抱える洋子さんにとって、商業高校での専門科目やどんどん入ってくる新しい知識を習得することは難しく、1年で退学した。その後、知り合いの紹介で神戸市立楠高校（定時制。以下、夜間高校）に通うことにした。冒頭で述べた牧秀一さんは、当時その高校で教えていた。

写真3.1　洋子さんが作業所で制作しているグッズ（城戸さん提供）

夜間高校へは電車で通っていたが、乗り間違えて行方不明になり、6時間にわたって捜索する事件も起こった。美智子さんの心配は尽きなかったが、なんとか4年間通い、洋子さんは無事卒業した。

次にぶつかったのは就職の壁である。当時はまだ洋子さんの障害が判明していない状態であったが、障害者の雇用制度を利用し、様々な企業で就労訓練に通ってみたが、なかなか就職には結びつかなかった。そこで、知り合いの紹介である作業所に通うことになった。洋子さんは現在（調査時41歳）もこの作業所に通い続けており、「クラウン」と呼ばれる仕事をしている（写真3・1）。職員さんたちもみんな障害を理解してくれ、休むことなく作業所に通えている。

1.3　孤立無援のなかで判明した高次脳機能障害

退院後のリハビリには、仮設から病院まで毎日バスで通ったが、乗車料金は通常と同じように払い続けていた。災害障害見舞金[1]などの補償制度が適用されるのは、歩けなくなったり手足をなくすなどの重傷を負った人のみで、リハビリに通えるまで回復した洋子さんに対して、医療費や生活費の補助は一切なかった。当時、報道されたのは亡くなった方や家を失った人たちばかりで、震災で障害やけがを負った人に触れているものはなく、美智子さんは「なんで?」という気持ちでいっぱいだった。誰かに相談したい、助けてもらいたいと思っても、どこに頼ればよいかわからない。役所に行っても相談窓口はなく、軽くあしらわれて取り合ってくれず、大きなショックを受けた。頼れる人も相談できる人もいない、孤独と不安とたたかう生活が何年も続いた。

洋子さんの病名が判明して高次脳機能障害とわかったのは、震災から6年が経ち、洋子さんが前述した作業所に通い始めた2001年だった。美智子さんと洋子さんは全国各地の病院を何箇所も回ったが、名古屋の病院で「高次脳機能障害」との診断を受けたのだ。

病名が判明した時のことを美智子さんは、「ああ、やっぱりそんな大きい障害負ってたんやなって、私の中で腑に落ちたところがあった」と振り返る。美智子さんは震災から6年間ずっと、先が見えないことに対する大きな不安を感じていたが、高次脳機能障害と判明したことで、美智子さんは病気を受け止め、立ち向かう覚悟ができた。また、病名がはっきりしたことで、洋子さんに対する向き合い方も変化した。これまでは、「ちゃんとしてもらわなあかんから、言って治さないとあかん」との思いからその都度洋子さんを注意してきたが、その行動も障害が原因であるとわかってからは、割り切って接することができるようになった。

洋子さんが抱える「高次脳機能障害」という病気には、記憶障害、感情コントロールの低下、失語、遂行機能障害、固執性、自発性の低下など、様々な症状がある。人によって症状は異なるが、洋子さんは多動や自発性の低下といった症状が大きく、自分から何かをしようという意欲がない。その結果、考えや行動が幼い子どものようになってしまうのである。

美智子さんは、洋子さんが障害を負ったばかりの頃は、多動に苦しめられたという。当時は突然大きな声を出したり、常に動き回ったりと、全く落ち着きのない様子であった。現在、症状はかなり落ち着いてはいるが、未だに一つのことに集中して取り組むことは難しい。

また、洋子さんは物事の段取りをすることができない。朝食をとり顔を洗い服を着替えて外へ出て行く、という当たり前の流れを、何年繰り返してもできない。朝の支度には美智子さんの声かけが必須である。あと数分で家を出なければならない、と美智子さんが焦っても、当の本人はボーッとしている、などといったことは日常茶飯事である。自発的に行動することが難しい洋子さんにとって、声かけと見守りは欠かせない。周りから見れば「なんでこんなこともできないの?」と思うような、当たり前のことができない洋子さんに、美智子さんはどうしてもイライラしてあたってしまうこともあった。

「常に洋子のことを目で追ってて、24時間どこかでずっと緊張してるところがある。え、なんでこんなことができへんの?って思うことがあるんよね」(城戸美智子さん21・11・12　以下同)

インタビューの中で、こう語る美智子さんの疲弊した様子は、障害を負い一変してしまった生活の苦労を物語っていた。

2　痛みを共有できる場を探して――期待と孤独

2.1　若者と家族の会から脳外傷友の会へ

美智子さんは洋子さんの診断後、病気について詳しく学ぶために、同じ病気を持つ人と交流できるコミュニティを探した。当時、高次脳機能障害という病気の知名度はほとんどなかったため、手探りでの情報集めは困難を極めた。テレビや新聞を通して聴く世間の声は、大震災の後では「生きているだけマシだ」という辛辣なものばかりだった。頼れる人や相談できる存在もなく、孤独だった美智子さんの頼みの綱であった役所でさえ、「何しに来たの？」という態度で、聞く耳を持ってはくれなかった。そのような中で、城戸さん親子が籍を置いたのは、「若者と家族の会」(2)というコミュニティだった。

美智子さんは若者と家族の会に入り、同じ病気を持つ人のコミュニティ探しのために情報集めや勉強会など、奈良、倉敷などあちこちに出向いた。手探り状態の中で、「日本脳外傷友の会」（以下、友の会）という日本国中に集まりの場を持つ大きな組織ともつながり、当時まだ知名度も情報も、ほぼなかった高次脳のことを学んだ。そして、日本各地を訪れ様々な人と交流するうちに、美智子さんは、洋子さんと似た症状を持つ人たち、事故が原因で脳に障害を持った人と知り合い、そこからさらに友の会が企画する全国各地で行われる様々なセミナーや集まりに参加するようになり、そこでついに、同じ高次脳機能障害を持つ人に出会うことができた。

「やっと病気についてしゃべれる人と出会えた、って気持ちが大きかったかもしれない。当時、高次脳機能障害って言葉もまだそんなメジャーじゃない時代だったから」(21・11・12)

ようやく同じ病気を抱える人たちと出会えた時は、やっと病気について話せるという安心感と、孤独や不安を共有し、共感し合える喜びを感じた。コミュニティでは、当事者が立ち上がって、世間に向かって何か行動を起こすことを目的とする訳ではなく、月一回ほどの頻度で集まって、互いに近況報告や、他愛のない話をする。主に、自分たちが経験した苦労や制度に対する不満など、障害を持つ人にしかわからない苦悩や悩みを語り合った。それだけで参加者の心は癒されていたという。美智子さんは、同じ病気を抱える人たちと苦悩を共有し合える場に出会って安堵した。

「同じ経験をしたもの同士、わかり合えるところがあったんだと思う」(21・7・13)

2.2　牧さんとの出会いと震災障害者と家族の集い

２００７年頃(洋子さん26歳)から、城戸さん親子は、牧秀一さんの呼びかけで始まった「よろず相談室」の月一回「震災障害者と家族の集い」(3)にも参加するようになる。

この集まりは、洋子さんが通っていた高校の教員であった牧秀一さんが、「思いを分かち合える場所」「同じ悩みを持つ人たちが気楽に集まれる場」として作ったものである。卒業後も洋子さんのことを気にかけていた牧さんから声がかかり、城戸さん親子も集まりに参加することになった。同じ震災で障害を負った者同士で話をし、悩みを共有することで、美智子さんの心は一時的に軽くなった。

城戸さん親子と牧さんとの出会いは、洋子さんが夜間高校に入学した時に遡る。当時学年主任として勤務していた牧さんは、洋子さんの卒業までの4年間を共に過ごした。城戸さん親子をはじめとして、震災直後からずっと震災障害者同士が出会う場はなく、孤独な存在であった。一つの病院に複数の震災負傷者が入院していたとしても、お互いに顔を合わせる機会はなく、実際に当事者は「この病院では、自分だけが震災でけがをして入院していると思っていた」「震災から10年くらいは、震災でけがをしたのは私だけだと思っていた」などと語っていたという。退院後、後遺症をもつ被災者同士が出会う場は存在せず、互いの励まし合いやニーズの共有、さらに行政への支援の訴えには至らなかったのである(池埜 2011)。「震災障害者と家族の集い」ができたのは、震災から12年も経ってからのことであった。

2.3 居場所がどこにもない孤独感

しかし、美智子さんはどのコミュニティに参加しても、どこかわかり合えず、洋子さんの障害の悩みを完全に分かち合えたわけではなかった。

震災障害者の集まりでは、全員が震災を経験しており、震災の痛みを分かち合ったうえで障害の話を聞いてもらえたが、「高次脳機能障害」という病気についての話をすることはできなかった。集まりの参加者は身体的な障害を負った人ばかりで、洋子さんと同じ高度脳機能障害を抱える人と出会うことはなかった。また、洋子さんのように若くして障害者になった人もおらず、美智子さんの孤独感は逆に募っていった。

その反対に脳外傷の集まりでは、病気の話題は広がっても、震災の話をすることはできない。参加者のほとんどが交通事故の当時者であり、震災に遭ったのは洋子さんだけだった。震災の話をすると空気ががらりと変わってしまう経験から、美智子さんは、障害の見方が違うという違和感のようなものを覚えた。ようやく見つけた集まりにも、洋子さんと同じ境遇で痛みを分かち合える相手はいなかったのである。同じ境遇の人が見つかるかもしれない、と期待をするものの、城戸さん親子の痛みを共有できる場所はなかった。


「どこに行っても洋子みたいな人はいないんやなぁって思ってた。あきらめみたいな感じで」(同)

3　痛みの固有性を理解するために

もどかしい思いをしてきた美智子さんだが、洋子さんと全く同じ境遇の被災者と出会えていたら、本当に美智子さんの不安は解消されたのだろうか。美智子さんは、同じ病や障害を抱える人と不安や苦しみを共有することで、障害で負った傷が癒えることを願って必死の思いでコミュニティを探しては、積極的に参加してきた。ところが、どこに行っても違和感があった。世界中を探しても、城戸さん親子が抱える痛みを共有できる人はいなかったであろう。かつて抱いていた期待はことごとく裏切られ、美智子さんは次第にあきらめるようになっていった。美智子さんはこう語っている。

「震災で同じように高次脳（機能障害）になった人を見つけて、コミュニティ持って集まってって、そういうこと思うよりも、どうすんの？　これってどうなるん？　って、洋子のことばっかりやった。…（中略）…ひとりぼっちっていうのと、同じような人がいるっていうのとでは、全然違うでしょ？　そういう人に震災の直後に出会えてたら、いろいろ話せたかもしれへんし、情報交換もできたかもしれへん、そしたら一人で抱えてたのが少し楽やったかと思う。同じ境遇の人と出会いたいというよりも、洋子のことをわかってってって気持ちが大きかったかな」（21・11・12）

仮に、洋子さんと同じように震災が原因で高次脳機能障害という障害を負った、同い年くらいの被災者がいたとする。そこでは、震災の痛みや病気のつらさをわかり合えるかもしれないが、病気の症状が違ったり、性別が違ったりしたら、抱く悩みも異なり、お互いに完全にわかり合い共感し合うことはできない。震災において、全く同じ悩みや痛みを持つ人は存在しないのである。これは洋子さんだけでなく、他の被災者にとってもそうなのではないか。

震災で被災した人々の中でも、障害を負った人や家族を失った人、帰る場所を無くした人など様々な人がいて、被害の大きさはそれぞれ異なる。それと同じように、「震災被災者」「震災障害者」などといったカテゴリーで一つにまとめられてしまいがちであるが、それぞれの人が抱える痛みは固有であり、痛みを共有することはできないのである。

そこで必要なことは、理解しようとする姿勢を持ち続けることである。同じ震災を経験した者同士であっても、ましてや震災を経験していない私たちにとって、被災者それぞれの痛みを完全に理解し、共感することは不可能である。しかし、それぞれに真摯に向き合い理解しようとする姿勢を、時を経てつないでいくことで、痛みを抱える人たちにも伝わるのではないだろうか。

おわりに

これまで、城戸さん親子の孤独を解消させるために必要なのは、同じ境遇で苦しむ仲間の存在であると、筆者は考えていた。当時、同じような仲間がいれば、城戸さん親子の生活は何か変わっていたのではないかと思った。しかし美智子さんへのインタビューから、そうではないことに気づかされた。城戸さん親子にとって本当に必要なのは、同じ状況で苦しみ共感し合う仲間ではなく、話を聞いて苦しみをわかってくれる理解者の存在なのである。

震災被災者一人ひとりに違った背景があり、異なる痛みを抱えている。個別の痛みに向き合い、理解しようという歩み寄りを継続することで、孤独を抱える震災障害者の痛みに寄り添うことができるだろう。

注

(1) 災害障害見舞金は、市町村がその条例に基づき、災害による負傷又は疾病の治療が終了した後(その症状の固定を含む)に見舞金を支給する制度。しかし、支給対象は障害1級相当などの重度障害に限定され、当時、病名が判明せず障害者手帳を所持していなかった洋子さんには支給されなかった。2011年兵庫県の震災障害者調査でも、回答者の8割が支給要件を満たさなかった。被災当事者たちは現在まで、行政の支援を強く訴えている。

(2) 「頭部外傷や病気による後遺症を持つ若者と家族の会」は、同会の出版物やSNSを参照。

(3) 「震災障害者と家族の集い」と支援団体「よろず相談室」は、本書第4章を参照。

参考文献

池埜聡 2011「総論「震災障害者」――「忘れられた存在」からの脱却に向けて」関西学院大学災害復興制度研究所編『災害復興研究』3: 11-26.

城戸美智子、洋子 2020「証言01　あの色とあの景色は本当に一生わすれられへんと思うけれども。なんか、違う星に私たちは来たという感じで」牧編 :79-113.
牧秀一 2011「震災障害者の今――阪神淡路大震災から17年」関西学院大学災害復興制度研究所編『災害復興研究』3: 27-37.
牧秀一編 2020『希望を握りしめて――阪神淡路大震災から25年を語りあう』能美舎

参考資料

ＮＰＯ法人よろず相談室ＨＰ「震災障害者の声～神戸市長への手紙　震災障害者と家族の声その３　福祉の谷間にある「高次脳機能障害」」http://npo-yorozu.com/?page_id=94（2021.6.15 閲覧）
頭部外傷や病気による後遺症を持つ若者と家族の会ＨＰ http://www.prudentia.net/wakamono/（2021.9.21 閲覧）

第4章　震災障害者の明るさの由来と記憶の鮮明さ

木村　彩子

はじめに

「常にポジティブシンキングで前向きな？　ね、気持ちを持っていうのは、これはごく自然体なことであって……」「病院で入院中も常にポジティブシンキング！」

阪神淡路大震災でクラッシュ症候群となり、震災障害者となった甲斐研太郎さん（調査時73歳）のインタビューの中でたびたび出てきた言葉である。

甲斐研太郎さんは現在まで、神戸のボランティア団体である「よろず相談室」の中心メンバーとして、阪神淡路大震災の復興住宅に住む高齢者への訪問や、震災障害者の集いなどの活動を続けている。

「ポジティブシンキング」自体は耳慣れた言葉であるが、震災体験に対して「ポジティブ」という言葉は、あまりなじまないのではないだろうか。しかし、研太郎さんのインタビュー中の印象は明るく、前向きであった。それは阪神淡路大震災から27年が経ち、当時の記憶が薄れたからではない。当時を鮮明に覚えているにもかかわらず、ネガティブな感情を伴う記憶というものが、感じられなかった。

記憶は、恐怖、怒り、悲しみ、楽しさなどの強い感情を抱いた際に、鮮明化するように思う。しかし、阪神淡路大震災に遭い、震災障害者として生きてきた甲斐研太郎さんは、今でも当時を振り返った際にこうした強い感情を表さないにもかかわらず、震災の様子を鮮明に覚えている。震災で大きなけがを負いながら、それがトラウマにならず、記憶をポジティブに語れるのはなぜだろうか。

震災障害者の当事者として、ボランティア活動に打ち込む研太郎さんの明るさの由来、そして当時を鮮明に記憶し続けているのはなぜか、考えていく。

1　震災障害者（クラッシュ症候群）としての道

1.1　震災障害者とは

震災障害者とは、震災（災害）が起因となり、障害者（身体・知的・精神）となった人のことである。住まいや仕事、体の自由を同時に奪われ、長引く療養生活で生活再建が難しく、必要な情報が得にくい場合もある。後述する「よろず相談室」を立ち上げた牧秀一さんの分析（2011）にもとづき、震災障害者の見えない実態を紹介する。

兵庫県「平成23年震災障害者・震災遺児実態調査報告書」によれば、調査対象者を身体障害者手帳交付申請書から特定できる震災障害者として、328名が認定されている。「震災障害者の定義」として「平成7年1月17日震災当日において、家屋の倒壊等により外傷を負い、それが直接の原因となって身体障害を生じ身体障害者手帳の取得に至った者」とした。これは、医師の診断・意見書に、身体障害の原因が「震災」、あるいは障害の発生年月日が「平成7年1月17日」と明記された場合に限られる。知的障害・精神障害者や兵庫県外在住者は含まれない。以上のことは「埋もれている震災障害者がいかに多いかを表している」(牧 2011: 32)。

また、神戸市が5年に一度実施する市内在住障害者の生活実態調査と、兵庫県の震災での重傷者数から、震災障害者は「二千名以上と言っても過言ではない」と牧さんは推測した(牧 2011: 33)。

兵庫県と神戸市が2011年1月に発表した「平成23年震災障害者・震災遺児実態調査報告書」の中の震災障害者へのアンケート調査結果(対象269名、回答90名)は、次の通りであった。

2011年時点で年齢65歳以上60・3%(78人中47人)、一人暮らし21・8%(78人中17人)、年収200万円未満26・3%(19人中5人)、震災で自宅全壊76・7%(90人中69人)、家族以外に相談相手がいない60・3%(78人中47人)、行政の相談窓口を知らなかった57・8%(90人中52人)、相談窓口を利用しなかった62・2%(90人中56人)であった(兵庫県・神戸市 2011)。

自治体も震災障害者の実態を把握しにくく、牧さんたちが声を挙げて震災から15~16年後の2010年頃にやっと兵庫県が相談窓口を作り、県と神戸市がこの震災障害者実態調査に乗り出した。牧さ

写真4.1　甲斐研太郎さん
（甲斐さん提供。以下同）

んはこの調査結果から「震災障害者の置かれた過酷な状況が見えてくる」「震災17年目を迎えた……今も多数の震災障害者は置き去りにされたままなのである」と訴えた（牧 2011: 33-4）。問題は現在まで続いている。

1.2　研太郎さんの被災

甲斐研太郎さん（写真4・1）は震災時にクラッシュ症候群となり、臍《へそ》から下の下半身に障害が残り、障害者等級2種の4級に認定されている。クラッシュ症候群とは、交通事故や工事現場の事故、震災で一番多く見られるケースで、長時間重量物に挟まれていた後に救助された傷病者が、数時間を経て腎不全や急性循環障害を起こし、死亡することもある病態である（阿南 2012）。震災当時は、もともと腎臓に疾患があったうえに、救出まで時間が経ちすぎて人工透析が必要な障害1級になってしまった人もたくさんいた。研太郎さんは幸い透析を免れたが、足首が曲がらないというハンデを背負うこととなった。27年経った今では一人で歩行し、ほとんど日常生活に差支えのない、普通の生活を送っている。

震災当時、甲斐研太郎さんは兵庫県神戸市灘区の魚崎北町に妻のアリスさん（調査時71歳、マレーシア出身）と二人で住んでいた。震災当日、研太郎さんとアリスさんは、古い木造二階建ての自宅一階の和室で寝ていた。1月17日早朝、突然グラグラと家が揺れ始め、直下型の激しい縦揺れから横揺れになり、タンスが倒れてそのまま研太郎さんは両足首を挟まれた。その後に、二階の部屋ごとタンスの上に崩落して、家は数十秒で倒壊した。研太郎さんによれば、そのような状況における人間の心理状態というのは、音も何も聞こえない。凄まじい足の痛みと不安感にとらわれた。

研太郎さんは妻のアリスさんと声をかけ合い、お互いが無事であることを確認した。以前、父親の鉄工所で現場監督をしていた時に応急処置などの経験があり、今思うと比較的冷静に自らを処置できた。自分の脈拍をはかったり、近くにあった毛布を被り体温を下げないよう調節したり、自分の尿を水代わりに飲みながら、救助が来るのをひたすら待った。挟まれた足を抜いてどうしたら脱出できるのか、その事しか考えなかった。

アリスさんは幸いにも大きなけがはなく、二人は約22～23時間後に自衛隊によって救助された。研太郎さんだけがクラッシュ症候群となり、11ヵ月に及ぶ長期の入院生活が待っていた。

1.3　入院生活

研太郎さんは大阪府立病院に4ヵ月入院し、その後研太郎さんのいとこが勤務していた九州・博多（福岡市）の原三信病院に7ヵ月入院した。大阪の病院では、リハビリが始まるまで、ベッドで寝たきりの状態を余儀なくされた。何回か手術を受けて、かろうじてリハビリとして自力での歩行訓練が始まったのが、2ヵ月以上過ぎてからだった。

震災後一年間（1995年度末まで）は震災特例で、手術、リハビリの治療費や入院費などは国からの補助があったが、翌年度から打ち切られ、持病扱いとなった。研太郎さんはその後も手術を2回ほど受けたが、50万、60万円は自己負担となり、救済措置として、国の高額療養費支給はあったものの、結局30万円ほどは研太郎さんの加入していた健康保険での自己負担となった。通算11ヵ月の治療が終わり、その後は持病として任意のリハビリに通い、自分でケアを行うことになった。

このような長期にわたる過酷な入院生活を送っていたが、入院中の印象に残っている出来事を聞くと、意外な答えが返ってきた。


「面白いトピックは、大阪の病院食のおかずで大根おろしの中に干し葡萄が入っていたり、福岡の場合は、これが病院食かというほど塩辛かったりね。九州はだいたい塩辛いらしいけどね。それで後は、朝からおきゅうと（筆者注：海藻加工食品、福岡の郷土食）が出てきたりね。食事の面でこんなに違うんだと、入院中に単純に感じたことと、整形（外科）や救急の病棟いうのは、だいたい車で事故起こしたとかという感じの患者さんが多いわけ。そういう連中がいろいろ面白いのがいっぱいいてね、若い不良の子たちと仲良くなったり、7ヵ月もおったから、いろいろ面白いことがいっぱいあったね（笑）」（甲斐研太郎さん21・11・4　以下同）

本来であれば、研太郎さんのようにクラッシュ症候群となり、長期にわたる手術やリハビリ生活を経験すれば、印象に残るのは、体の自由がきかない嘆きやつらさなど、どちらかといえばネガティブな感情を伴う記憶を挙げるのではないかと思う。

しかし、研太郎さんは入院生活での詳しい治療や日々のリハビリなどを覚えているが、印象深い出来事として、楽しかった、面白い、などのポジティブな思い出のエピソードを挙げたのである。そのように語る研太郎さんの様子は明るく、当時のリハビリ生活に対する不安や悲嘆の感情は見られなかった。

では研太郎さんの中にネガティブな記憶というものは存在しなかったのだろうか。

2　震災障害者の集いでの活動

2.1　よろず相談室との出会い

研太郎さんはもともと自営で小さい工房を持って生計をたてていたが、のちに完全に潰れてしまった。研太郎さんの入院中、昔研太郎さんがお世話になった小さい工房の経営者と奥さんがバックアップをしてくれて、妻のアリスさんの運転免許証の更新や罹災証明の申請などの面倒をみてもらえた。これらの幸運な事情もあり、研太郎さんの治療とリハビリ期間は、アリスさんが半分パートタイマーのようなかたちで働き、生活費をサポートしていた。

約2年の入院治療、リハビリ期間を経て、研太郎さんが「ぼちぼち仕事の復帰を」と考えていたところ、その工房の経営者から、「もし仕事ができるようになったら戻ってきて、できる範囲内でいいから応援してくれないか」と声がかかり、半年ほどして、重い足を引きずりながらその工房のお世話になった。震災時、元の工房にかなりダメージはあったものの、倒壊ではなかったため、なんとか仕事を再開することができた。

それから10年ほど経ち、2008年に毎日新聞の取材を受け、担当記者とのやりとりの中でよろず相談室の存在を知り、誘われて活動に参加したのが、出会いのきっかけだった。何度か参加して、いろいろな人たちと関わっていくなかで、研太郎さんは当事者という立場から自分にも何かできることがあるのではないかと思い、2009年初頭によろず相談室に合流した。震災障害者の集いに初めて参加したのは、震災から15年経った2010年頃であった。そして、現在までよろず相談室の中心メンバーとしてボランティア活動を続けている。

よろず相談室は震災直後に避難所で開設され、被災者の今後の生活、不安・悩みについて個人的な相談にのることを活動内容とした。避難所解消後は、仮設住宅・復興住宅への訪問活動を通して、被災者の人たちと「同じ目線で話を聞き」「一人ではない、置き去りにされていない」と伝えて信頼関係を築くことを活動の柱にしたという（牧 2011: 27）。

当時、悲壮感など全くなかったと言い切る研太郎さんがそのような活動を始め、続けることになった発端には、よろず相談室を設立した牧秀一さん（本書第3章参照）の存在が大きい。

「経緯をいろいろ聞いたりして、やり方が、良くも悪くも彼には信念があるわけ。……僕に関しては当事者だから。……やっぱり誰かひとり当事者でね。……それを通じて今までの存在意義、最終的には彼の震災障害者というその言葉ね、……（東日本大震災の）被災地に行ったりとかで、あまりにも、震災障害者という言葉に対する世間一般の認識いうのが、全く、ほとんどないと。いまでも続いてるんだけどね、それをそのまま埋もれさせて終わってしまうのは、自分の意志としては耐えられないと。かなり考え込んでずっと、それもあるからね、いろんなメディア関係（への対応）を頑張ってやってきたわけ」（21・12・18）

当事者である研太郎さんは、牧秀一さんの考え方に共感し、パートナーとして応援しようと、発足から20年以上経ったよろず相談室を、一個人としてサポートすることを決心した。牧秀一さんのためというわけではなく、研太郎さん自身、震災障害者という当事者の立場からであった。震災で大変な目に遭い、手足が不自由になった人、というように、一般の人が震災障害者という言葉自体を認識できるようにしたいという思いがあった。

インタビューの中で、「当事者」という言葉がたびたび出てきた。研太郎さん自身、無意識のうちに当事者としての使命感のようなものを感じているようにも見える。当事者という立場でありながら支援者側に回り、当事者同士でしか理解できない精神的な面において、自ら積極的にサポートしていくような役目が自分にはあると感じている。

研太郎さんは当事者として、どのように震災障害者としての自分自身と向き合っているのか。また、そのような使命感とポジティブな記憶とは、関係しているのだろうか。

3　当事者としての立場

3.1　当事者の孤独

震災の死者や行方不明者ばかりが注目され、生き延びた震災障害者は世間から取り残され、陰の存在となることで、当事者同士はもちろん、周囲から理解し難い孤独を抱えている。

そもそも国は警察、消防等からデータを集め、震災後一週間で死者は何名、などと発表し、それが大きく報道される。その一方で、震災障害者のように入院生活が一年近くも続き、その後その人たちがどうなったのかという生活実態や意識は把握されず、全く表に出ない。

２０１７年2月28日、阪神淡路大震災の震災障害者当事者と家族6世帯9人、「よろず相談室」のメンバー4人で、国（厚生労働省）を訪れた。震災障害者らはこの日、要望書を提出し、障害者手帳申請時の提出書類に災害が原因であると明記する仕組みや、当事者が相談できる窓口の確保などを求めた。同年3月31日、国（厚労省）は障害者手帳の交付業務を担う都道府県など全国の自治体に、申請書類の原因欄に「自然災害」を加えるように通知し、対策の検討を促した。しかし、全国的な「震災障害者」の実態把握は未だに進んでいないのが現状である。厚労省の通知に、自治体が応じないケースもあり、東北三県では、震災障害者をほとんど把握していなかったという（牧編 2020: 58）。

研太郎さんは、震災障害者の中でも家族が重い障害を負い、かなりの生活のハンデを負った人たちの気持ちは、当事者である自分も完全に理解することはできないと語っている。

当事者という立場でありながら支援者側に回り、当事者同士でしか理解できない精神面をサポートする研太郎さんだからこそ、同じ経験をした当事者と分かち合うことができた想いとは何だろうか。それは、世間から注目されず、忘れられた存在としての震災障害者の孤独感ではないだろうか。

3.2　孤独の共有とネガティブの行方

研太郎さんの中にも、当事者としての孤独感が無意識に存在しているはずである。研太郎さんのポジティブさは、自身の元の性格に由来するとは言い切れないのではないか。

では、孤独というネガティブな感情は、研太郎さんの中でどのように克服されたのか。それは第二節で述べたよろず相談室との出会いに大きく関わっていると、筆者は考える。

研太郎さんは、自身が当事者であるという気持ちから、当初よろず相談室の活動をあまり重要視していなかった。もうひとり、研太郎さんと同じように震災で障害を負った方が熱心であったこともあり、協力してほしいという説得に負けたと語っている。その中で、震災で子どもが重い障害を負った親子など、当時の大変な状況を当事者同士で聞き合い、お互いの孤独感を共有することができた。

東日本大震災では、取材を兼ねて、よろず相談室の当事者メンバーで東北被災地の仮設住宅を訪問した。牧さんが個人的に支援している高齢者の人たちを励ましたいという目的があった。研太郎さんは、メディア取材などに対してあまり肯定的でない被災者の人たちも、神戸で実際に震災に遭った自分たちの訪問は、受け取り方が違うと語っている。東北の支援においても、孤独感の共有が行われていた。

研太郎さんは、震災でけがをして仕事もできなくなってしまったが、2年ほどで「ナイスリカバリー（回復）」の後、大きな支障なく歩けるようになったことが大きい。よろず相談室の中で、境遇の近い人たちと本音でいろいろ話していくなかで、牧さんとも心が通じ合い、「元気印として、できることをやっていきたい」と考えるようになった。ネガティブの克服というよりも、孤独を抱えながら震災障害者の集いに参加したことが、研太郎さんの背中を押したのではないか。

3.3　妻アリスさんの存在

自身のけがと向き合った研太郎さんだが、そうできた理由として、妻アリスさん（写真4・2）の存在も大きい。

地震の一週間前に、研太郎さんと妻のアリスさんは旅行で、アリスさんの故郷マレーシアを訪れた。その前に研太郎さんは風邪を引いてしまい、旅行の荷造りなどをすべてアリスさんが引き受けた。その頃からアリスさんは何か悪い予感（テレパシー）がして、車を運転する時には道路の下が危ない、あるいは、研太郎さんの足に何かが起こると、ずっとテレパシーを感じていたという。車の事故か何かで足が悪くなって車椅子生活になる、というような予感で、いつも心配であった。

アリスさんは地震の前夜に聖書を取り出して、枕の下に入れた（昔は毎日お祈りしていたが、結婚してから3、4年間ほど引き出しに入れたままだった）。そして本当に地震がやってきて、寝室の天井が目の前に、そして足の上にも落ちてきた。天井板は柔らかく、大きなけがはなかったが、アリスさんはその時に腰を強く打ちつけた。

今となっては笑い話であるが、前晩に聖書も読まずに寝ていた研太郎さんに対して、聖書をしっかりと読んでいたアリスさんはけがを免れたと、研太郎さんは冗談まじりに語る。アリスさんによれば、研太郎さんは

「もともといつも笑う。病院の時ポジティブシンキング。ダメダメだともっとダメになる。当時の写真は全部笑ってる。暗い雰囲気は全然ない。私も笑ってる。ポジティブシンキングはよく治る。その時足治るかどうかわからないね、でも彼は笑うね」（甲斐アリスさん21・10・2）

写真4.2　研太郎さんと妻アリスさん。愛犬と旅先で

妻のアリスさんから見た当時の研太郎さんは、筆者がインタビュー時に受けた印象と変わらず、明るくポジティブそのものであった。しかし、そのように研太郎さんがポジティブでいられたのは、アリスさんのポジティブな性格も影響している。

アリスさんのポジティブさはクリスチャンであることにも由来する。アリスさんは教会に行き、寝る前にはお祈りをしている。これはアリスさんのひとつの捉え方であるが、神頼みのように一途にすがるのではなく、心から頼れるジーザスがいることで、アリスさんの気持ちの持ちようが常に「シンキング・ポジティブ」になるという。

震災当時、日本語をほとんど話すこともできなかったアリスさんだったが、研太郎さんが治療に専念できるように、倒壊した家の片づけを責任を持って行った。研太郎さんが仮に日本人の女性と結婚していた場合、いつ社会復帰できるのかわからない状況の中で、将来の不安に打ちのめされたかもしれない。しかし、未知の国である日本に飛び込んだ冒険心と、クリスチャンのタフな精神力によって、アリスさんのポジティブな性格は揺らぐことがなく、研太郎さんの入院治療やリハビリ生活を明るく支えた。

また、よろず相談室のメンバーの中には、子どもをなくした家族や、子どもが頭に障害を負って「将来を棒に振ってしまった」ために、生活のハンデを背負いながら生きている人たちがたくさんいたなかで、甲斐さんは子どものいない夫婦二人の生活で、幸いアリスさんは無事で、研太郎さんもほとんど健常者と変わらない、夫婦二人の生活を営むまでに回復していた。

甲斐さん夫婦は震災に遭い、研太郎さんが生きるか死ぬかという出来事を経験した後、二人は言葉の壁を乗り越え、夫婦の絆、お互いの信頼関係を築くことができた。震災を経験して、研太郎さんはアリスさんの精神的な強靱さと我慢強さを知り、いろいろな苦労があったなかで、震災で失った経済力も取り戻すことができた。

研太郎さんがポジティブな震災障害者として、前向きに自分自身に向き合えたのは、こうした妻との関係性が関わっている。

4　記憶の鮮明さに伴う感情

4.1　ポジティブの真意

大阪府立病院に入院中の1995年8月20日頃、研太郎さんは医師であるいとこに自ら電話をかけ、状況を話した後、診察させてほしいとの返答を得て、仮退院の間に、いとこが勤務する福岡市の病院を受診した。それまでどのような内容の手術を受けてきたかをすべて報告し、いとこの経験から今後の治療の提案を受け、迷いながらも転院という大きな決断をした。その年の秋に再入院の予定だったが、それを断り、いとこの病院に行くことにした。その選択が正解だったのかどうかはわからないが、研太郎さんが「ナイスリカバリーのために努力をする」つまり人任せではいけないと、その時に自分自身で決断したことが、その後の自信につながっている。

このように、研太郎さんのポジティブな記憶というものは、震災障害者として孤独感を抱えながらも、常に自身と向き合い、アグレッシブに前向きに決断しなければならないという、ある種の使命感のような想いと結びついており、そのような使命感を人任せにせず自らの行動に移してきた所以とも考えられる。

4.2 明るさから見えてきたもの

震災の経験が甲斐さん自身の人生の意味を問い直すきっかけになっている。そのことを彼は次のように話す。

「震災前と震災後変わったのはね、……最悪のケースだったら命を落としていたかもしれない、戦争じゃないけどね……今までなんて些細なことで精神的に気にしてたことが、……なんとそれが馬鹿らしいというか。そこまで神経質にならなくてもよかったことなんだ、いうことが、生きるか死ぬかのギリギリまで行った時に一気に飛び越えてね。そしたら逆に、その段階で収入が少ないとか、ごはんがまずいとか、たとえばね、そういったことがいかに馬鹿らしく感じるようになったかと。……良い意味での開き直りね……どんどん自分のやりたいことをやったらいいじゃないの……そういう方向でものが考えられるようになった……そういう心境の変化いうのは、すごく大きいと思うね。

だから仕事で失敗したとか、たとえばお客さんにすごく気まずい思いをさせてしまったとか、まあ、しまった、後悔したなと、今までは気にしてたことが、もうこれはこれで……次のステージについて考えて前のことは忘れましょと、いう風な感覚で、次のステップが踏めるようになったかな。もちろん、歳いってきたこともあるけどね」（21・11・4）

震災という負の経験から、物事をケースバイケースに考えて次のステップに進むことができるようになった。このように、被災したことに対する受け止め方は人それぞれ考え方は違うかもしれないが、研太郎さんにとって、パートナーであるアリスさんにけががなかったことで、自ら転院を選択して、治療に専念できたのである（甲斐さん、牧編 2020: 159-61）。

研太郎さんの震災の記憶は鮮明であるにもかかわらず、明るくポジティブにふるまえるのは、人生最大の負の経験をきっかけに、些細な事にとらわれず気持ちを切り替えて、新たなボランティア活動に人生の意味を見出したからではないだろうか。研太郎さんは当事者としての使命感のような感情から、よろず相談室の中心メンバーとして活動しているようにも思われるが、そのような活動での喜びや達成感などが、自信につながっているようにみえる。

また、妻のアリスさんの存在も大きく、治療に専念できたこと、自ら決断して選択し、進んできたことに間違いはなかったとの結果が、ポジティブに記憶に強く残っている。

過去を想起する場合、それぞれの出来事が起こった時点ではなく、想起する現在の視点から再構成された記憶が語られる（榎本 2019; 金 2010）。自分の中に存在するネガティブな感情と向き合い、それに対して自ら行動してきたことで、自信を持てるようになり、ポジティブな記憶を形成する原動力になったのである。

おわりに

本章では、研太郎さんの明るさの由来について、記憶の鮮明さと照らし合わせて明らかにしてきた。研太郎さんが明るくポジティブに過去を語る背景には、震災障害者としてのネガティブな感情が存在していること。そして、27年が経った今でもそれが消えることはないことがわかった。震災という大災害の経験から、トラウマや孤独のようなネガティブな感情を誰しも抱くであろう。しかし、そのような感情を完全に排除しようとするのではなく、それを持ち続けながら必死に次の行動に取り組むことで、ポジティブな記憶がその人の心に想起されて、明るく語られているとみることができる。

参考文献

阿南英明 2012「災害時の圧挫症候群と環境性体温異常」『日本内科学会雑誌』101(7): 2108-14.
榎本博明 2019『なぜイヤな記憶は消えないのか』角川新書

甲斐研太郎、アリス 2020「証言03　自分たちの経験が少しでも役に立てたら、一筋の光明じゃないけども」牧編：139-68.
金瑛 2010「アルヴァックスの集合的記憶論における過去の実在性」『ソシオロゴス』34: 25-42.
牧秀一 2011「震災障害者の今――阪神淡路大震災から17年」『災害復興研究』3: 27-37.
牧秀一編 2020『希望を握りしめて――阪神淡路大震災から25年を語りあう』能美舎

参考資料

ＮＰＯ法人よろず相談室ＨＰ　http://npo-yorozu.com/（2021.5.25 閲覧）
同　震災障害者とは　http://npo-yorozu.com/?page_id=892（2021.5.25 閲覧）
同　震災障害者の課題と取り組み　http://npo-yorozu.com/?page_id=725（2021.5.25 閲覧）
「阪神大震災25年、被災者たちの証言集を刊行したい！」A-port（朝日新聞社クラウドファンディングサイト）https://a-port.asahi.com/projects/hanshin-syogensyu/?utm_source=garden&utm_medium=article&utm_campaign=gj200601（2021.5.25 閲覧）
兵庫県　平成23・24年震災障害者　震災遺児実態調査報告書　https://web.pref.hyogo.lg.jp/kk41/wd34_000000177.html（2022.8.20 閲覧）

Ⅲ　震災の忘却と記憶

2023年1月17日
阪神淡路大震災 1.17のつどい
（神戸市三宮・東遊園地）

第5章　幼少期のトラウマが守った〝楽しい〟震災の記憶

中山愛里菜

はじめに

「みっちゃん、阪神淡路大震災ってどんなやった？」
「ん〜、ふふふ。楽しかったかなぁ」

未曾有の大震災をどのように人は記憶しているのだろうか。震災の記憶を教えてほしいという問いかけに楽しそうに答えてくれたのは、藤本美智子さん（通称みっちゃん、調査時88歳位）であった。18歳から70年間神戸に住んでいるみっちゃんは、同じように近所に住んでいた私の祖母と古くからの友人だった。同居していた祖母が亡くなった今でも、定期的に私たち家族の様子を見に来てくれるような、優しく元気で面倒見のいい朗らかな人柄である。

みっちゃんは阪神淡路大震災を「楽しかった」と振り返っている。手放しに楽しいとはいえないような記憶を、なぜ楽しいと振り返ったのか、心の錘になるはずのトラウマが、その人にとってプラスに働くことはあるのか。

本章では阪神淡路大震災の〝楽しい〟記憶に潜む意味について明らかにし、その人の人生において記憶を刻むメカニズムを考えてみたい。

1　震災の鮮明な記憶

1.1　〝楽しい〟記憶の矛盾点

27年前の阪神淡路大震災について、みっちゃんの記憶は鮮明であった。私の小さい頃から変わらず、みっちゃんには前述のようなイメージを抱いている。だからこそ、震災を「楽しかった」とみっちゃんが振り返った時も、少し驚いたけれど、同じくらい納得もできた。調査を始めた頃、被害が小さかったのなら、それこそ持ち前の明るさや心根の優しさでそう受け取れるものなのかと思っていた程度であった。

しかし、調査を進めていくうちに少しずつその認識にずれを感じるようになった。記憶を語る口ぶりは楽しそうなのに何かが違う。本当に楽しいだけだったのか。そのような違和感を胸にインタビューを続け、やっと見つけた原因は「記憶の射程の広さと鮮明さ」にあった。本当に楽しいだけの記憶ならば、震災から27年が経つうちに、楽しかった出来事以外の記憶は自然と薄れてしまうはず。

みっちゃんは高齢ながら、詳細に震災当時の様子や人間模様を語っていた。こちらの問いかけに対しても、どうやったかなと曖昧になることなく、まるで昨日のことのように鮮明に、「ふふふ」と笑いながら話していた。家が全壊したことも、避難所で他の人とトラブルがあったことも、わらび餅とお茶をいただきながら、楽しそうに話していたのだ。このように、みっちゃんは楽しかったと語る出来事以外のことも詳細に覚えていた。これが、私が抱いていた違和感の元であり、〝楽しい〟記憶の大きな矛盾点でもあった。

ではどうして矛盾が生じるのか、そう考えていた時に、みっちゃんがふと昔の話をしてくれた。震災よりもずっと昔の幼少期、それでいてまた鮮明な記憶である。しかし、その話は明るく語られるものではなかった。みっちゃんの心に重くのしかかる記憶、いわゆるトラウマというものを、みっちゃんは抱えていた。そしてこれこそが、みっちゃんの「楽しかった」という震災の記憶を読み解く鍵であった。

1.2　みっちゃんの被災

下から何かが湧いて出るような揺れに目を覚まし、急いで家族の無事を確かめに手探りで階段を上がる。まだ日も上がっていない冬の朝、暗くてぼんやりとしか見えないものの、目の前に広がっていた光景は壮絶なものであった。

タンスや棚だけでなく仏壇も倒れており、前年に亡くなった母の骨壺も床に落ちていた。散らばった遺骨を拾いながら、このままでは家が潰れてしまうと感じたみっちゃんは、家族全員の無事を確かめた後、急いで準備をして家族とともに家を出て避難することにした。しかし、物が散乱した薄暗い家の中、玄関まで塞がった通り道をあけることや防寒具を探し出すことは難しく、仕方なく着の身着のまま、靴も履かずに裏口から外へ出ることになった。

外へ出た頃には辺りは少し明るくなっており、周りの様子がよく見えるようになっていた。近所の小学校に向かうために歩き始めた時、ゴミ捨て場に粗大ゴミが捨ててあるのを見つけた。その中にはみっちゃんが家から持ち出すことのできなかった布団や靴、スリッパが捨ててあった。片足だけの靴やスリッパしかなかったが、靴下では心もとないと感じていたみっちゃんは、それを履いていくことにした。

写真5.1　被災した住宅内部
（神戸市灘区 1995.2.19）

そこからまたしばらく進んだところで、川辺に住む家の人に「何か必要なものはないか」と声をかけられ、そこで布団をもらった。どうして布団にこだわるのか、食べ物や水よりも布団が欲しかったのはなぜか、そう聞くと、みっちゃんは答えてくれた。

「もうね、食べることより、第一に私たちが身を守るために、

写真5.2　被災した住宅外観（同）

どこかに避難したいのが頭にあるわけよ。寒いからね。それが最初なんよ、やからあったかいもん持って行こうって。汚いも何もないからね」（藤本美智子さん21・12・11　以下同）

食べ物や水の確保よりも、布団や靴などの身体を温める物の確保を優先させるほどに、冬の朝に起きた地震は、体にこたえるものだった。

1.3　避難所での暮らし

まだ人の少ない時間に小学校に避難してきたみっちゃんは、道中で手に入れた掛布団2枚を壁際に敷き、そこを避難所での家族5人の拠点とした。手狭ではあるものの、暖かく安全な場所へやっと辿り着き、やっとひとまずの安心感を得る。しかし、それと同時にだんだんと減っていく避難所のスペースに一抹の不安を感じるようになった。

近所の喫茶店を一人で営んでいるママは、どこに避難するのだろうか、友人たちのスペースはまだあるのだろうか、そのような不安がみっちゃんの頭に浮かぶ。そこで、みっちゃんは避難所にきた町内の知り合いを自分たち家族のスペースに招くことにした。掛布団2枚に家族5人、足を伸ばして眠れないほど手狭なところに、さらに友人を招く。一見すればその行動はみっちゃんにとってマイナスのように思われるが、知った顔が並ぶ他愛もない会話は、地震への恐怖心や緊張感をやわらげる効果を与えてくれた。

「(みっちゃんの周りの人たちは)平和にね、みんないい人ばっかりやったわ。助け合っていこういこうって言い合えるようなね」(21・11・26)

気がつけば、みっちゃんの周りは和やかなムードが漂うようになり、そこで得られる安心感は少しずつ心の余裕へと変化していった。しかし、そのようなムードとは反対に、スペースから離れた外側の人たちは、まだまだ不安や緊張を抱えたまま生活していた。適度にストレスを解消しながら過ごしていたみっちゃんの周りの人たちと、心休まらずイライラが募る外側の人たちとの間には当然温度差が生まれる。この温度差こそが、これから数ヵ月続く避難所暮らしで、みっちゃんが頭を抱えた問題の原因であった。

2　「楽しい」と「つらい」の温度差

2.1　いけず二人組

避難所で暮らし始めて1週間が経った頃から、みっちゃんたちに厳しく当たる二人組の女性が現れるようになった。この二人は、みっちゃんが家族や知り合いたちとスペースの中で集まっている時に限って「この人たちは全く掃除をしない」とわざと聞こえるように話しながら通っていく。はじめは気にしていなかったみっちゃんも、連日にわたって繰り返されるうちに、だんだんと「なんていけずな人たちだ」と苛立ちを覚えるようになった。

それもそのはず、掃除をしていないというのは全くの嘘であった。さらには、その張本人たちこそ掃除や手伝いをしているところを見たことがなかったからだ。ただ、いわれのない言葉を毎日投げつけられているという事実だけがそこにはあった。

そもそも、当時の避難所ではどのような役割分担で掃除や手伝いが行われていたのだろうか。自分の役割をきちんと果たしていたならば、そのように言い返すこともできたはずだ。しかし、みっちゃんはそうしなかった。もちろん温和な性格もあるだろうが、避難所での掃除や手伝いが分担制でなかったことも関係していた。

できる人ができる分だけやるという役割分担のない有志の行為は、自分の持ち分が決められていないがゆえに「終わりがない」と表現できる。「やることやってるし」の一言が言い返せなかったのは、いま以上にできることがあるという意識の表れではないだろうか。そのこともあってか、みっちゃんはこの嫌がらせを機に以前にもまして掃除や手伝いを行うようになった。日中は家に片づけに帰ったり孫の面倒を見ながら過ごし、孫が寝ればトイレ掃除やゴミ拾いをする。みっちゃんの避難所での生活は決して暇を持て余すようなものではなかった。

2.2　嫌がらせの背景：みっちゃんの周りの生活

では、なぜこのような嫌がらせが起きたのか。その理由には、やはり「みっちゃんの周りと、その外側の避難所利用者の間で、気持ちに温度差があったから」ということが考えられるのだが、まずは実際にそれがどれほどのものだったかを見ていく。

先にみっちゃん側の生活から。先に触れたように、みっちゃんは家族や町内の知り合いたちに囲まれて過ごしていた。一緒に避難してきた2歳と3歳の孫は、遊んでくれる大人が増えたと喜びながらスペース中を走り回り、大人たちは他愛もない世間話や、みっちゃんはもらいに行かなかったそうだが、暴力団山口組が配っている救援物資の情報、自衛隊設営のお風呂や銭湯の混雑状況などを話し合う毎日。避難所という非日常的な空間ではあるものの、被災前と変わらないような日常的な孫の行動や大人同士のコミュニケーションは、場の雰囲気を和らげるには十分なものだった。

大きな余震が落ち着いてからは、各々家の片づけや市場への食糧調達に出るなど、日中は忙しく過ごすようになった。みっちゃんもその例に違わず、全壊してしまった家の片づけや補助金の申請に加え、孫の世話や避難所の手伝いを行っていた。そして、夜になれば昼間の力仕事をねぎらうようにおじさんたちが晩酌をするのだが、そこで「お前も飲むか〜」とからかわれて遊ぶ孫の姿を見ることが、みっちゃんのささやかな楽しみになっていた。

「平和にね、近くはみんないい人ばっかりやったわ。助け合っていこうって言い合えるようなね」

（同）

2.3　嫌がらせの背景：外側の人たちの生活

次に、外側の人たちの避難所での様子を見ていく。

みっちゃんたちも過ごしたこの避難所、実は一日も経たないうちに校内にスペースを確保できないほどに人が溢れかえっていた。はじめに体育館が埋まり、教室もあっという間に埋まり、それでも人が押し寄せて来るために、最後は廊下やトイレに布団を敷くことになった。コンクリート張りの廊下やタイル張りのトイレ付近は底冷えがひどかったことだろう。住環境からはほど遠い場所に身を置く生活は、それだけでも強いストレスがかかるものだった。そこへ今後の生活への不安や、寒さや空腹への苛立ち、知らない人と密に過ごす緊張感が加わり、避難所利用者の心はどんどんさくれて余裕がなくなっていった。

初めは身の安全を求めていた利用者たちも、安全を確保できれば健康や衛生を求めるようになった。ニーズが変化して、ＱｏＬの水準が高まる動きは珍しいことではない。避難所の掃除や手伝いが有志のかたちで行われ始めたのも、多くの人が同じようなニーズを抱え、それを解消しようとしたからだろう。しかし、対人関係の問題にもつながった。各々が過ごしやすい環境を求めれば、誰かが何かを我慢しなければならないような状況があった。みっちゃんのスペースから少し離れたところでは、「寝たきりのおばあさんのおしめが臭う」といって避難所から追い出してしまうこともあった。

傍から見れば「ひどい」と感じるような出来事も「しょうがない」と受け止められてしまうほど、当時の避難所の空気はヒリつく時もあった。そのような傍らで、楽しげな雰囲気が漂っていたらどうだろうか。温かいムード、笑顔、どうして同じ避難所で生活しているのにこうも違うのか、大変な思いをしているのは私だけなのか、羨ましい、許せない。その感情には、みっちゃんの日中の忙しさなどは関係のないことだった。同じような苦労をしていたとしても、どうしても気に食わなかったのだ。そして、それが理由でいびりが始まることも、当時の状況では「しょうがない」の一言で片づけられてしまったのだろう。これが、みっちゃんが言い返せなかったもう一つの理由であった。

2.4　温度差に気づいていたみっちゃん

インタビューでこの話を聞いたとき、いびりだったという割には笑いながら話したり「しょうがないわね」とこぼしたりと、どこか当時を俯瞰するような話し方に感じられた。しかし、それはみっちゃん自身もその温度差に気づいていたために、いざこざは甘んじて受け容れようと心のどこかで決めていたからではないだろうか。

確かに、みっちゃんは避難所で外側の人たちに比べてよい環境に身を置くことができていたのかもしれない。しかし、お風呂に入れず横にもなれず、日中は忙しく動き、対人関係に悩みながらもそれに耐えたみっちゃんは、傍から見る限り他の利用者たちと同じであった。さらに、みっちゃんが「楽しかった」とひとくくりにしている記憶の中には、知り合いたちと避難所で過ごす前の時間も含まれている。いったい何がみっちゃんの記憶を「楽しかったもの」としているのか。その部分がわからず悩んでいるとき、ふとみっちゃんが昔の話をしてくれた。それは、阪神淡路大震災よりもはるか昔の記憶、幼少期に襲われた水害の記憶だった。

3 幼少期のトラウマ——「水害が一番怖い、地震よりも」

3.1 押し寄せる水

幼少期、体の弱かったみっちゃんは療養のために島根県の田舎で祖父や親戚たちと暮らしていた。そこでの生活は遊び場から食べ物まで、すべて自然の恩恵をじかに受けるような非常にのどかなもので、体の調子が整う頃にはすっかり山や海が大好きな子どもに成長していた。しかし、決して自然が持つ顔は優しいだけではない。何でもないと思っていた雨の日に、みっちゃんはその脅威を身をもって知ることとなる。

それはみっちゃんが小学校四年生、9月のことだった。雨の様子を見た祖父が突然「これは家に入ってくるぞ！　はよ支度しい！」と慌てて母や親戚の大人たちに指示を出した。まだ幼かったみっちゃんといとこは、訳もわからぬ間に、板の間に高く積んだ箱の上にはがした畳を載せたところへ座らされた。その土台を力強く押さえている大人たちの姿や、いまだ強まっていく雨脚を眺めていると、「水が来るってどういうことなの、私たちはどうなるの」と次々に疑問が浮かんできた。しかし、その答えを聞かずとも、自分たちを守ろうとする大人たちの険しい表情から「これはただ事ではない」ということだけは幼いみっちゃんにも理解できた。

山から町へと大量の水が流れてきたのは、それからすぐのことであった。あっという間に家の前の道は冠水し、その水はもちろんみっちゃんの家の中にも容赦なく流れ込んできた。初めは母の足首あたりだった水もついには胸元まで水かさを増し、みっちゃんたちは水が引くまでの間、その状態のまじっと耐えることとなった。

胸元まで水に浸かりながらも必死に畳を押さえる大人たち、その奥に見える窓の外では、大きな木や電柱、近所の人の家が流れていく様子が見えた。「なんて恐ろしい。水から逃げる暇もなければ、一度捕まってしまえば最後、水が引くまで身動きをとることもできなくなるんだ」。このとき、みっちゃんは初めて自然の脅威に触れ、水に対して「怖い」という感情を強く抱くようになった。

3.2　同じ経験、異なる感情

水害の発生から約5時間後、ようやく水が引いたところで自由に動けるようになったものの、長時間ショッキングな光景を見続けたみっちゃんたちは、心身ともに疲れ切っていた。しかし、身体を休めようにも長時間水浸しになっていた家の中は、日常生活を送れるような状態ではなくなっていた。その日は家族みんなで近所のお寺に避難することにした。

次の日の朝、片づけのために家に戻って見た光景はやはり、一晩経ってもショッキングなものだった。壁に泥や葉っぱがついていてどこまで水位が上がったのかがわかった。それは見るたびに、みっちゃんに昨日の悲惨な出来事を鮮明に思い出させた。高い位置に避難させていた家具以外はすべてダメになっていたこともあり、次の日から避難先のお寺で過ごすこととなった。

昼間は家で掃除をし、朝晩の寝食は近所の人たちとみんな一緒に避難所で過ごす。これは、阪神淡路大震災の時に避難所で過ごした時と全く同じ生活のリズムである。しかし、この水害の体験談から「楽しかった」という言葉は一度も出てこなかった。それどころか、インタビューを続けていくなかで「怖かった」「水は速いからあっという間に来てしまう」「逃げられへん」という言葉が何度も登場した。そして、みっちゃんはそのたびに少しうつむくようになり、お茶菓子にも手をつけなくなってしまった。水害の被害に遭ってから現在に至るまで、どれだけ時間と経験を積んでも、みっちゃんが幼少期に感じた水への恐怖心は全く薄れていなかったのだ。

4　トラウマが心を守る盾になる

4.1　みっちゃんだけの心の転機

みっちゃんは震災後、他の避難所利用者に比べて心に余裕があった。それは初めから持ち合わせていたわけではない。突然の大きな揺れに目を覚まし、暗くて寒い冬の朝に防寒具をあきらめてでも家を出たその行動の背景には、もちろん焦りや緊張感があった。少なくとも地震発生から家の外へ避難をするまでは、他の人たちと同じように地震に対して恐怖心を抱いていた。

しかし、家から避難所へと向かう道中でのみっちゃんの行動は、そのような恐れや不安を感じさせない確かなものだった。水や食料ではなく布団を確保したこと、人が押し寄せる前に小学校へ向かうと決断したこと、家を出てからのみっちゃんは自分がいま何を必要として、何をするべきなのかが明確にわかるほど、落ち着きを取り戻していた。家から出てゴミ捨て場の前を通るまでのそのわずかな間に、いったいどんな心の転機が訪れたというのか。

4.2　水は来ない

地震で家を飛び出した後、慌てふためく人々の姿にみっちゃんは既視感を覚えた。それだけでなく、いやに騒がしい街中にも、抗うことのできなかった自然の猛威にも、胸いっぱいに不安を抱えたままその様子を眺めている自分の行為にさえも、何か覚えがあった。これはいったいどこで見た光景だったか、そう記憶を辿るうちに、みっちゃんの心をじわじわとあの日の記憶が巣食っていった。それはほかでもない、小学四年生の梅雨時の記憶、初めて自然の脅威に触れたあの水害のことだった。

記憶を一つ呼び戻せば、あとは栓が抜けたように当時の感情もろともすべてが頭の中に流れ込んできた。洪水を察知してから実際に水が押し寄せてくるまでの時間があっという間だったこと、そのせいで家から逃げ出せなかったこと、激しい水の勢いで家屋も電柱もみんな流されてしまったこと。すべて幼少期の記憶なのに、他の出来事で蓋をしていたはずなのに、まるで昨日のことのようにそれらを思い出すことができた。

水害の経験を思い出してからは、その記憶と目の前に広がっている光景とを重ねて見るようになった。つらい震災の惨状に重なるトラウマで、みっちゃんの心の不安もいっそう大きくなったかと思われたが、意外にもそうではなかった。今回はあの日と違って家から出ることはできたな。今すぐに水が押し寄せて来るわけでもないし、地震で崩れてしまった家も流されることなく、そこにあるな。なんだ、そうか。

「やっぱり私は水が一番怖い」

これがみっちゃんの心に訪れた転機の正体だった。

悲惨な現状と過去の記憶を重ねた場合、本来ならばその不安や恐怖心はお互いを打ち消し合うことなく、上乗せしていくだろう。しかしみっちゃんの場合はそうではなかった。あろうことか今より過去の記憶の方が心に深い傷をつけていることがわかってしまったがために、目前の恐怖心や不安をトラウマがはじいてしまったのである。

「もうねその水の怖さを知ってるからね。一番怖いのは水。水害が一番怖い、地震よりもね。それ（目の前で起きた水害の様子）見てこわかってん。ほんでね、水が引いても家の中びちゃびちゃで。近くにお寺があってね、そこへ行こう言うて避難して。そういう経験をしたのよ。いろいろしたのよ、経験ね。やから何が怖いって、私は地震より水やね。流されるもん。あっという間に」（21・12・14）

そう語るように、みっちゃんにとって一番怖いのは水であり、地震よりも恐ろしいと感じるものは水害であった。だから今のこの惨状は、あの日よりは恵まれているのだ。そう確信してしまう過去のトラウマによる思考の歪みは、みっちゃんの心を地震という新たな傷から守る盾となり、気持ちを前へと向かせる大きな心の転機となった。

4.3　盾の内側

トラウマという盾を身に着けたみっちゃんは、焦って家を飛び出した時とは打って変わり、その心に少しばかりの平穏を取り戻していた。それは、みっちゃんが地震に関わる出来事すべてを「水害よりは」というフィルターを通して受け容れるようになっていたからだった。フィルターを通して得られた「焦らなくとも水が押し寄せてくることはない」という安心感や、幼少期に経験した避難所での生活の記憶など、そのどれもがみっちゃんの心を穏やかで冷静なものへと変化させた。心が落ち着けば思考も落ち着く、みっちゃんに見られた心の余裕や冷静な判断力はここからくるものだった。

みっちゃんがトラウマを盾にして得たものは、これだけではない。インタビュー調査を始めてすぐにみっちゃんが表出した「楽しかった」という感情もそうだった。全壊の家から避難することができ、家族や知り合いたちと安全な場所で過ごすことができた。対人関係に苦しんだものの、長時間水に浸かり続けた母のように、大切な人が目の前で苦しんでいる姿を見ずに済んだ。水害の時より会話や笑顔の量がずっと増えた、ささやかな安堵が、みっちゃんに「楽しい」という記憶を刻んだのではないだろうか。

みっちゃんの「楽しかった」という記憶にはそのような背景があったが、みっちゃんが私に言った「楽しかったよ」という言葉に嘘偽りはなかったと感じる。しかし、トラウマを抱えていたことや、「楽しい」という記憶の裏の背景をあえて黙っていたわけでもない。みっちゃん本人でさえも、深く考えなければその背景に気がつかなかったほど、阪神淡路大震災の記憶はトラウマの盾に固く守られていたのだろう。

おわりに

本章では阪神淡路大震災の〝楽しい〟記憶に潜む意味を明らかにして、その人の人生において記憶を刻むメカニズムを考えてきた。そこで見えたものは、みっちゃんの「楽しかった」という記憶には幼少期の水害で受けたトラウマが関係していたこと、そして、震災から27年たった今でも、みっちゃんの記憶、そして心はずっとそのトラウマが巣食っていたという事実であった。みっちゃんの水害に対する恐怖心はきっとこれからも消えることはないし、心の錘であることにも変わりはない。しかし、それは同時にみっちゃんの心を守る盾にもなり得るのである。これから先、もし阪神淡路大震災のような危機に遭っても、きっとまたこのトラウマがみっちゃんの心を守る盾としてはたらくのだろう。

心の錘であるはずのトラウマがその人にとってプラスにはたらくことはあるのか、という私の疑問は、このようなみっちゃんの記憶のメカニズムの中に答えを見つけることができた。

参考文献

高野剛志・森田紘圭・戸川卓哉・福本雅之・三室碧人・加藤博和・林良嗣 2013「東日本大震災における被災者生活環境の時間的変化の評価」『土木学会論文集D3　土木計画学』69(5)（土木計画学研究・論文集第30巻）:125-35.

堀田亮 2016『重大なネガティブ体験の意味付けに関する心理学的研究』風間書房
ピーター・A・ラヴィーン 2017『トラウマと記憶――脳・体に刻み込まれた過去からの回復』花丘ちぐさ訳 春秋社
力武常次・竹田厚・小倉一徳 2007「日本の自然災害」国民行政調査会：462-5.

第6章　大きな出来事の風化と小さな記憶の発見

追立　花菜

はじめに

「私もあとちょっとで11歳なるもん！」

「11歳かぁ。俺が11歳の時はちょうど阪神淡路大震災やったなぁ」

「同時に買ったマンションだったんで、大丈夫だったたんですよね、ちょっとヒビは入ったんですけど。逆にあの、電波がおかしくなったのか知らんけど、有料映画番組が見れるようになってて（笑）」

「おかしなって、見れるようになったんですか（笑）」

「そうそう（笑）見れる〜ってなって、ちょっと喜んでた（笑）みんながわーわーなってるときに」（西宮市の和食店21・5・27　以下同）

災害を伝承する方法は、と聞くと、どんなことを思い浮かべるだろうか。「震災の記憶を継承するといった場合、それは震災と関連づけられた何らかの媒介物（資料、遺構、体験談など）を通じて過去を想起し、その再構築を通して次世代を含む他者との共有を図ろうとすることである」（吉川 2020: 16）。

一般に災害を伝承する方法は、きわめて限定的である。伝承する側はいかに次世代に経験を残していくか、意識的にはたらきかけなければならない。そもそも伝承される側が、語り部の講演会に参加して話を聞いたり、災害時の写真や動画などの記録を資料館に見に行くなど、能動的に行動しない限り、災害は伝承されないのである。伝承する側とされる側には、どうしても落差がある。このような熱意の差があると、活発に意見を交換することはおろか、伝えられる側はただ黙って他人事として聞いているようになってくる。

しかしかつて災害に遭った地では、日常会話で災害や震災が取り上げられることが少なくない。それを「震災語り」というと大げさに聞こえてしまうかもしれないが、本章で見ていくように、災害を伝承する方法の一つとして、ふだんの日常会話が役割を果たすのではないか。

1　和食屋での震災語り

1.1　災害を伝承する日常会話

未知の人と会話が生まれる場面の一つに、飲食店がある。街の飲食店に行くと、その場に居合わせたお客さんと話したり、店主と仲良くなったりすることがある。常連客同士やお酒が好きな人同士で会話が弾むのは、よくあるシチュエーションで、会話を目当てに食事に来る人もいる。何気ないお客さん同士のやりとりに思えるが、ただの雑談では終わらない。というのも、冒頭に挙げた会話のきっかけは「誕生日」であるが、「阪神淡路大震災の経験」が会話の大きなテーマとして展開されていくのである。

私は小さい和食屋とカフェでアルバイトをしていた時に、それぞれの場面で多くの会話を聞いてきた。その中で、今でも人々の震災の記憶は薄れていないと感じた。

「震災について語る」ということが、阪神淡路大震災から27年経った現在、人々の間でどのように行われているのか。震災語りが活発に行われる場面は頻繁に見られるのか。私が二つの飲食店で日々のアルバイトを通して観察したことをもとに、考えていく。

1.2　一期一会が紡ぐ会話

西宮市に、私が開店当初からアルバイトしている和食屋がある。開店は2019年10月。店主は、11歳（小学校五年生）の時に阪神淡路大震災を経験している。店内はカウンター11席のみで、従業員とお客さんや、お客さん同士の距離がかなり近く、その間で会話が弾むことは日常茶飯事である（写真6・1）。

5月のその日は、店主の誕生日を祝いに同級生が来ていたほか、常連の若い男性が一人と母娘が店で食事を楽しんでいた。店主が同級生にたくさんのケーキをプレゼントされて、誕生日を祝われているのを羨ましそうに見ていた女の子の何気ない一言をきっかけに、会話は始まった。

会話は私と店主を含めた6名でなされていた。そのうち、私と男性客と女の子の3人は、震災未経験者である。彼の質問「震災の時って、結構荒れてたんですか？　なんかもう家ぐちゃぐちゃみたいな。パニック状態だったんですか？」を皮切りに、震災経験者のお客さん2人が活発に当時のエピソードを繰り出す。震災未経験の3人が自然に質問を投げかけ、震災経験の3人がそれに返すかたちで、スムーズに会話は進行していた。

写真6.1　和食店のカウンター席（西宮市2021年）

話のきっかけは「誕生日」だったにもかかわらず、阪神淡路大震災の話題は途切れることなく、20分近く盛り上がった。常連客同士とはいえ、彼らが言葉を交わしたのはこの時が初めてだった。赤の他人だからか、お酒が入っているからか、食事中には少し刺激の強い内容も、一期一会の出会いのなかで会話のスパイスとして取り入れられていた。

1.3　親密な関係が紡ぐ会話

それから2ヵ月ほど経ったこの日は、私が大学で災害社会学を専攻していると知ったある夫婦のお客さんに、阪神淡路大震災の経験について聞いていていた。


「震災のそういう話って、家族間でしたりします？」

「だってまだ～（娘は）小学校やし……」

「二年生だから～」

「まあここ（夫婦間）はしゃべるけど～、なあ？　だってその、小学校の娘に～、そうやで、地震の1月何日に地震の映像流れるやん、お父さん、こんときな～！とか言うてるけど、そんなん、ポカンやわな、娘は」（21・7・27）

この夫婦は、妻が北海道出身で震災未経験者、夫が兵庫県出身で震災経験者であった。ふだんから会話の多い親密な夫婦ですでに話されていたからか、経験した人にしか語れないからか、ここでは大して会話は弾まなかった。夫婦には小学2年生の子どもがいるが、震災の話をしても興味を全く示さないため、家庭内でも震災の話はしないというのが、先ほどの会話である。

私の研究テーマが「震災語り」であることがきっかけで、自然に会話が発生したわけではなかった。

旦那さんは私に震災経験を伝えようと当時のことを思い出し、いかに悲惨であったかを話してくださった。しかし、奥さんはほとんど黙ったままで、夫婦間の会話のキャッチボールは見られなかった。震災語りに限らず、会話というのは何かのキーワードをきっかけに自然と始まり、そこから連鎖して様々に広がるからこそ盛り上がる。

しかし、この夫婦との会話は「災害を研究している学生に経験を話してあげないと」という旦那さんの使命感のためか、会話というよりは講演のように一方的に私が聞くかたちで終わってしまった。

1.4　同級生が紡ぐ会話

お盆休みのこの日、店主と同級生のお客さん同士が約20年ぶりの再会を果たしていた。小学校5年生の時に起こった震災で、中学校の校庭に仮設住宅が建設され、中学時代に運動会ができなかった話をしていた。

「で、なんか、あの中学校の時さ、あの運動会、運動会がなんかA中学校（の校庭）が仮設住宅で埋まってるから。ここじゃできないって事でB中学校かどっかでやることになってん。俺が中学校一年の時に、Mっていう野球部（の部員）がおったんよ、わかる？」

「おん、Mな」

「あいつと結構仲良かって」

「あーMも会ったぞ。Aとかと飲んだ時にMも一緒に」

「あー！　そうなんや！」

「久しぶりやな、みたいな」（21・8・14）

いつものように聞き耳を立てていた私は、「今回は中学時代の思い出話で震災の話が始まった」と聞いていたものの、この会話はすぐに中学時代の友達との思い出話に戻ってしまった。

「人は何かをきっかけとして、過去の出来事、出会った人々、懐かしい場所や景色、聞き覚えのある歌、昔味わった食べ物等を当時の様々な思いと共に回想する」（及川 2006: 207）。20年ぶりに中学時代の同級生と再会すれば、思い出話に花が咲くのはごく自然なことである。多くの思い出を友人と共に回想するなかで、27年たった今でも、震災の経験が自然と思い出に溶け込んでいるのは興味深かった。しかし、全く関係のないキーワードをきっかけに震災についての会話が進行しても、その場にいる人たちの一番関心の高い共通の話題が「阪神淡路大震災」でないと、震災語りは活発にならないことがわかった。

1.5　震災語りによる継承

以上の参与観察から、震災語りは会話が自然発生的に始まり、他人同士で幅広い年代や地域出身の人がいることで活発に行われることがわかった。また、夫婦など親密な関係では、震災以外の話題が多く生まれやすいため、会話が震災から脱線しやすい。震災経験者同士の方が、会話が活発になり話が盛り上がりやすい。先の夫婦との会話の場面で、もう一組震災経験者のお客さんがいて会話に加われば、もっと話は広がったはずである。

同じ店の常連とはいえ、お客さん同士は頻繁に会うことはない。そのため、少し刺激の強い内容でもそれが話のメリハリを生むため、あまり臆することなく話される。さらに、複数の震災経験者が存在する場合、一人ひとりが自分の経験を話すために、一人が長く話し続けることはない。会話がうまく回ることで「すべらない話」となって、震災の経験は人々の日常に溶け込んで受け継がれていくのである。

それだけでなく、複数人で会話が進行する食事の場というのは、落ち着いて和やかに会話をするにはかなり適している。話す側も、聞く側も、肩の力も抜いてリラックスすることができる。食事の場という生活に組み込まれた空間は、すべての人が対等に意見を交わしやすく、震災の経験を継承する場として有効であるといえる。

2　カフェでの震災語り

2.1　「自分の話はしない!」の本当の意味

同じ西宮市には、私が初めお客としてオーナーと仲良くなり、その後アルバイトとして働き始めたカフェがある。開業は1973年で、阪神淡路大震災を乗り越えてきたお店である。オーナー（70歳代、以下、ママと表記）とその娘さん（50歳代、以下、チーフと表記）で営業している。テーブルが7卓のほかに、カウンターもあるが座る人はほとんどいない。

こちらのカフェでも、和食屋と同様に、お客さんとママの間で阪神淡路大震災の会話が始まる。本来、飲食店の従業員とお客が会話する際は、店側はお客の話を聞くことに集中し、自分たちの個人的な話はしないようにする。ここでもそれは強く意識されていて、私がアルバイトでキッチンに入った時に「自分の話はしない！」と書かれた貼り紙を目にしたほどであった。よほどお客さんが心地よく過ごせるように心がけているんだな、と感心したが、その貼り紙に書かれた文字のあまりの勢いに、少し驚くところもあった。

写真6.2　カフェのキッチンに貼られた貼り紙（西宮市2021年）

ママ「ふふ、でもそんなん貼ってたって全然効かへんねん、言う時は言うから」
チーフ「そうやねん～あとでもう大目玉よ」
ママ「何が悪いか、わからへんもん」（西宮市のカフェ　21・10・1　以下同）

「自分の話はしない！」の貼り紙はある日、「口は災いの元」という貼り紙に変わっていた（写真6・2）。書き換えられた貼り紙のことはもちろん、それにもかかわらずおしゃべりが大好きなママのことが気になり、チーフになぜ貼り紙を変えたのか聞いてみた。すると、あの貼り紙はお客さんの話をしっかり聞こうという心がけを、忘れずに順守するためというより、しゃべりすぎてどんなことも話してしまうママのブレーキになればと、チーフが書いて貼ったらしい。しかし、その効力は弱く、ママはあっけらかんとして、これからもおしゃべりを存分に楽しむ様子だった。

2.2　常連さんとの震災語り

ある日、店もそろそろ閉めようかという時間に、常連さんと震災の話が始まった。店一番の常連客のため、ママもチーフも比較的リラックスして会話しているようだった。初めは相槌を打ったり質問したりしていたママであったが、自分の会話の順番が来た瞬間から話が止まらなくなっていた。常連さんも「ずっとしゃべるやろ（笑）」とおしゃべりなママを茶化すものの、ママが話し出すと遮ることなく聞いていていた。

ママが震災当時について話す時は決まって、店の様子はどうだったか、店を閉めている間は何をして過ごしたか、店を再開してからはどのように営業したか、といった内容だった。私がママに初めて聞いた時も、そのような内容が主であった。

幸いママも家族もけがはなく、店舗兼自宅の建物被害もほとんどなかった。ガスや水道はしばらく復旧しなかったが、電気は2時間後に復旧し、水も給水車から確保した。その上、奇しくもコーヒーカップは頑丈なものを使っていたためほとんど割れておらず、がれきの中から十分に救い出せた。さらに、コーヒー豆も震災の前日に偶然1ヵ月分挽いてあり、電子レンジで水を温めればホットコーヒーが作れたため、震災の3日後にはコーヒーのみの提供ではあるが営業を再開できた。

「（水が出ないため尼崎の銭湯へ行き）お風呂の帰り道に尼崎のお好み焼き屋さんとか行ってね。ほんとに、その時（まで）は休みなしでやってたから、震災のおかげでゆっくりできて、楽になったわって程度よ」（21・5・27）

震災被害によって数日間店を閉めたり、3ヵ月後にガスが復旧するまでの間、コーヒーやトーストの提供から始まり、慣れてきた頃にはガスボンベを買ってきて、臨時に焼肉どんぶりを作るなどで店を開けて過ごす日々が続いた。それでも、年中無休で営業して毎日追われていたから、ずっと料理を作ることに比べれば、少し休むことができて体が楽になった、とまるで楽しい思い出であるかのように、ママは話していた。

3　ママの震災語り

3.1　貸せなかったトイレの話

ママが常連さんと震災の話をする時には、ポジティブな話をすることが多い。しかし、お客さんがいなくなった店内で、私とママが二人きりで話していた時、私はママのいつもとは違う表情や声の調子に気づいた。

私「なんかそのトイレをさあ、貸せなかったみたいの話してたやん、あれの話をもっかい聞きたいなと思ってんけど」

ママ「ああ、あれねえ、震災のあった日やわ、もちろん店も営業してないし、ここに夜におったら、夫婦みたいな人がずっと、ずーーっと歩いてるのよこっち（大阪市の梅田方面）かな、こっち側のほうに向かってかな。ぞろぞろぞろぞろ、震災の日よね、歩いてて。で、その中のその中年のね、女性の、夫婦で旦那さんは外に立ってたよ、ちょっと中に入って、『トイレお借りできませんか』って言われてね、んであの、ふつうやったら貸してるやんか、だけど、お水がなかったんよね。水がなくて、ほんでちょっと家族のためだけにしか水がなくて、家族の後始末も大変やのに、とっさに貸せなかってん。ほんでなんかもう、その人の顔が忘れられなくて」（21・5・27）

震災直後、被害の大きい神戸方面から、比較的少ない大阪方面に避難する人がたくさんいた。その中のある一組の夫婦がトイレを貸してもらえないかと、カフェに訪ねてきたのである。しかし、西宮市でも水道は止まっていた。自分たちの家族の分だけでも精一杯で、通りすがりの人にトイレを貸すのは、かなり犠牲を払わなければならない。特に災害時は必要最低限の水さえも満足に得られないため、その苦労が特に顕著に表れる。ママが断ったのは、仕方のないことだろう。しかし、ママはそのことを今でも後悔している。今までは明るい口調だったのが、後悔や罪悪感が入り混じったような、暗くて少し震えた声だったのである。

ママは初めてこの話をしたという。娘さんのチーフも聞いていないという。震災から27年たった今まで、誰にも話さなかった出来事を、なぜ私に話してくれたのだろうか。また、なぜ今まで誰にも語らずにいながら、忘れなかったのだろうか。

3.2　語られなかった理由

ママは、自分がカフェの経営者だから話さなかったと言っていた。確かに、カフェでお客さんが食事を楽しんでいる時に、わざわざトイレの話をするのは考えられない。

「自分の話はしないやん私、商売柄、みんなものすごい被害に遭ってるから、みんな『ママ、聞い

て』みたいな感じで。私ももう何も被害なかったしね」（同）

震災後の約1ヵ月は、ママに話を聞いてもらおうと、震災後の興奮を抑えられないお客さんが殺到した。そこではお客さんの話を聞くことを第一に考え、優先していたため、ママやチーフは会話に参加しても、聞かれたことに答えたり、時々自分の話を少しするだけであった。というのも、特定のテーブルのお客さんと話が盛り上がってしまうと、他のお客さんが疎外感を感じてしまうからである。しかし、チーフにも話さなかったのは、家族間でネガティブな話はあまりしないことがあった。家庭内で震災の話題が出ても、揺れがどんなに大きかったとか、近くの家が潰れたなど、地震の規模の話をするくらいだった。

3.3　眠っていた記憶が甦るとき

「その日ももう、どんどんどんどん、どんどんどんどん、神戸の方から、どんどんどんどん、リュック背負ってもう……群衆言うか、群衆言うてもいいような人たちが、どんどんどんどん、どんどん……こうやってリュック背負って歩いてるんよ」（21・11・10）

ママによれば、震災後に家を失くしたために安全な場所を求めて、ひたすら歩いて逃げてきた人々は想像を絶する多さで、その様子はまるで映像で見た戦時中のようだったという。その中で、一人の女性がシャッターの開いているママのカフェを見つけ、トイレを借りられるか思い切って声をかけてきた。彼女の勇気に応えられなかったことを、ママはひどく後悔している。

トイレを我慢するという、人間の生理現象の危機的状況は、ふだんの生活で誰もが経験しうることである。その中でも、ママから聞くこの場面は、私の脳内でスローモーションのように再生されるが、実際のところは一瞬の出来事である。たった1ラリーの会話だったとしても、今となればそこに多くの感情を見出せるだろう。

「二十何年経って初めて口についた出来事がそれやったというのが、自分でもびっくりした。びっくりしたいうか、あー。すごい自分で思ってたんやなって」

「知らん人にそんなこと言ったら人格疑われるから」（同）

本来ならば忘れてもおかしくないが、27年間忘れられなかったというより、心の中で眠っていたのかもしれない。ママが私に話せたのは、私を信頼しているからだという。自分をよく理解してくれる人でないと、冷たい人と思われる、とママは言い続けていた。しかし、今まで誰も信頼できる人がいなかったから話せなかったのではないだろう。その小さな出来事を思い出すには、震災という災害はあまりに大きすぎたのである。当時は記憶に留まらなかったが、震災後の27年間の人生で様々な経験をしていくうちに、その小さな記憶が大きな出来事の陰から姿を現したように考えられる。

「（トイレの話が）あまりにも小さな出来事で。時が経ってもう、過去のものに完全になってるやんか。その、跡形もなくね、今は、復活して。（電車の）線路も復興して、（国道）43号線も復活して、神戸も復活して。ほいで残ったのはそういうことや。ね。その人間が死んだこととか家が焼けたこととかビルが倒れたこととか、ねえ、交通が遮断されたこととか、火事になったこととか、故郷が焼け野原になったこととか、そういうものが全部終わった後に、その（気持ちの）深層心理っていうか、心の奥深くに眠ってたそういうのが……」（同）

今では街が復興し、地震による傷跡を目にして当時を思い出すことは少なくなった。しかし、そんな今だからこそ、心の中に眠っていた感情が目を覚ましたのである。

3.4 隠された感情の発露

「その時の話したら、んーんー、って自分でも掘り下げるんよね。だけどまあ、そんなこと囚われてないから、日常生活してるから。なんとも思ってないけど」（同）

私に初めてトイレの話をしてから、自分の中で思い返したり、人にしゃべったりする変化があったかを尋ねると、ママはそう答えた。

「一般的には、記憶機能が低下することによって忘却が生じると考えられているが、忘却は必ずしも記憶の失敗を反映しているわけではない」(蘇・兵藤 2021: 50)。

27年間語られなかった出来事は、頭の中から跡形もなく消え去っていたとも考えられる。しかし、今になって発露したこの感情は、押し入れの奥にしまっていた物を見つけた時に近いのではないだろうか。ふだんの生活では、押し入れの奥にしまった大切な物の存在を忘れている。しかし、大掃除や部屋の片づけをして偶然見つけると、思わず掃除の手を止めて、その物と当時の感情に思いを馳せてしまうのである。それと同じように、ママは偶然、心の押し入れの奥で眠っていたトイレの記憶を発見した。そして、私にその話を聞かせてと頼まれるたびに引っ張り出してきては、当時の感情と向き合っているのだ。

4 震災語りと隠された感情

4.1 生活に溶け込んだ災害伝承

本章では、私が参与観察した2軒の飲食店それぞれで、どのように震災語りがなされているのかを比較してきた。27年を経た今でも、語り続けられていることがわかったが、その会話の場面で「他人同士で話が盛り上がる」かどうかは、店の業務形態が関わっていた。カウンターのみでお客同士の境界が曖昧な和食屋では、半ば強引でも他人同士が話し合うことができていた。しかし、テーブル席でお客のグループが独立しているカフェでは、それは難しい。飲食店で震災の話題が出ることがあっても、常に話が弾むとは限らないのである。

それでも和食屋でもカフェでも、お客と従業員の間で震災の話題が出て、それが盛り上がると、経験者から未経験者へ伝承する場が生まれていた。そして、リラックスした食事の場では、震災時の悲惨でネガティブな語りだけではなく、当時の楽しかった出来事や印象深いエピソードなどをうまく織り交ぜながら、ポジティブに語ってくれる人もいた。こうして生活に溶け込んだ震災語りを通して、より深い震災経験が伝承されていくのである。

4.2 風化によって現れた記憶の中の感情

表面上は継承されているように見える震災語りの裏側に、隠された悔恨の感情があった。ママがトイレを貸せなかった話を今までできなかったのは、店のオーナーとしてお客さんが快適に過ごす時間と空間を守りたかったからである。また、自分が冷たい人間だと思われたくない気持ちもあった。しかし、一番大きな要因は、それらの後ろめたい感情ではない。

阪神淡路大震災は、当時の人々の暮らしに、街に、深い傷痕を残した。穏やかな日常を、命を、すべて奪っていった。けれども、現在の暮らしや街並みは、震災の惨禍があったとは信じられないほど、発展を遂げている。それは、震災を経験していない私たちだけでなく、経験したママの目にもそう映っている。未曾有の大震災を必死に乗り越えてきた証しである。そして、目に見える傷痕がなくなった今、心に刻まれた感情の痕跡が痛みとして浮かび上がってきたのである。

それはまるで化石の発掘のようである。化石を覆い尽くしていた大きな岩や砂は、長い年月をかけて、風や波によって削られていく。そしてその化石の一部が地表に顔を出したとき、シャベルで掘り出され、鑿や刷毛で元の生物が復元されるのである。震災の記憶も同様である。「時間」が風や波のように長い年月をかけて、大きな記憶を少しずつ削っていく。そこで小さな出来事や感情が姿を現し、誰かの手によって掘り起こされ、きれいに取り出されるのである。大きな記憶が風化したことによって、ママの心の表面に浮かび上がってきたトイレの話を、私は発掘したのである。

おわりに

「「市民による追悼行事を考える会」の世話人は、『地震を直接経験した〝震災一世〟が年を取ったり、転出したりするなどして減り、「次代に伝えなければならない」という危機感が強まっている』としており、過去の出来事としての阪神淡路大震災をどのように教訓化し、どのように後世に伝えるのかについて真剣に考える時期が到来している、と考えられている」(吉新・相澤 2009: 9)。「風化させてはいけない」「忘れないことが大事」。震災の経験は、そのような言葉とともに語られてきた。「東日本大震災に関する記録・証言などの収集活動は、今後の防災教育や東日本大震災の記憶を風化させないための重要な活動である」(永村ほか 2013: 49)。しかし、忘れることで見えてくるものがある。

本章では、震災の忘却と記憶の風化が進んだことで、小さな出来事がその人の心に甦り、隠されたネガティブな感情が発露されたことを見てきた。

「大災害からの日々は、何かが失われる「風化」のための年月ではなく、何かが生まれ成長するための年月でもある」（矢守 2016: 1）。災害の惨禍を忘れてはいけないと防災・減災が叫ばれる今だからこそ、時間の経過の重要性に気づかされる。災害という大きな出来事の忘却は、小さな記憶の発見につながる。震災から長い月日が経ってもなお、その人の心の中に存在し続けていた小さな記憶は、その人自身の震災経験の核といえる。失われゆく記憶ばかりに気を取られるのではなく、震災を乗り越えて取り戻した日常生活の中で、生まれゆく記憶にも目を向けることを忘れてはいけない。

参考文献

及川奈津子・齋藤共永 2006「回想法を利用した高齢者のコミュニケーションを促すツールの提案」『日本デザイン学会第53回研究発表大会概要集』53(0): 207-8.
金菱清（ゼミナール）編　2020『震災と行方不明——曖昧な喪失と受容の物語』新曜社
蘇心寧・兵藤宗吉 2021「検索誘導性忘却効果と感情的自伝的記憶との関連——感情価と感情ごとの想起数に着目して」『応用心理学研究』47(1): 50-51.
永村美奈・佐藤翔輔・柴山明寛・今村文彦・岩崎雅宏 2013「東日本大震災に関する記録・証言などの収集

活動の現状と課題」『レコード・マネジメント』64(0) :49-66.
矢守克也 2016「防災教育について再考するための3つの視点」『2016年度日本地理学会秋季学術大会』日本地理学会
吉新雄太・相澤亮太郎 2009「震災モニュメントと記憶の諸実践——慰霊と教訓、継承と受容の間で」『兵庫地理』54:9-19.
吉川圭太 2020「阪神淡路大震災の記憶と記録の継承に向けて——大木本美通氏の記録写真を通して（特集 地域歴史遺産を未来につなぐために——阪神・淡路大震災と、地域の取り組みから考える）」『Link：地域・大学・文化——神戸大学大学院人文学研究科地域連携センター年報』12: 16-32.

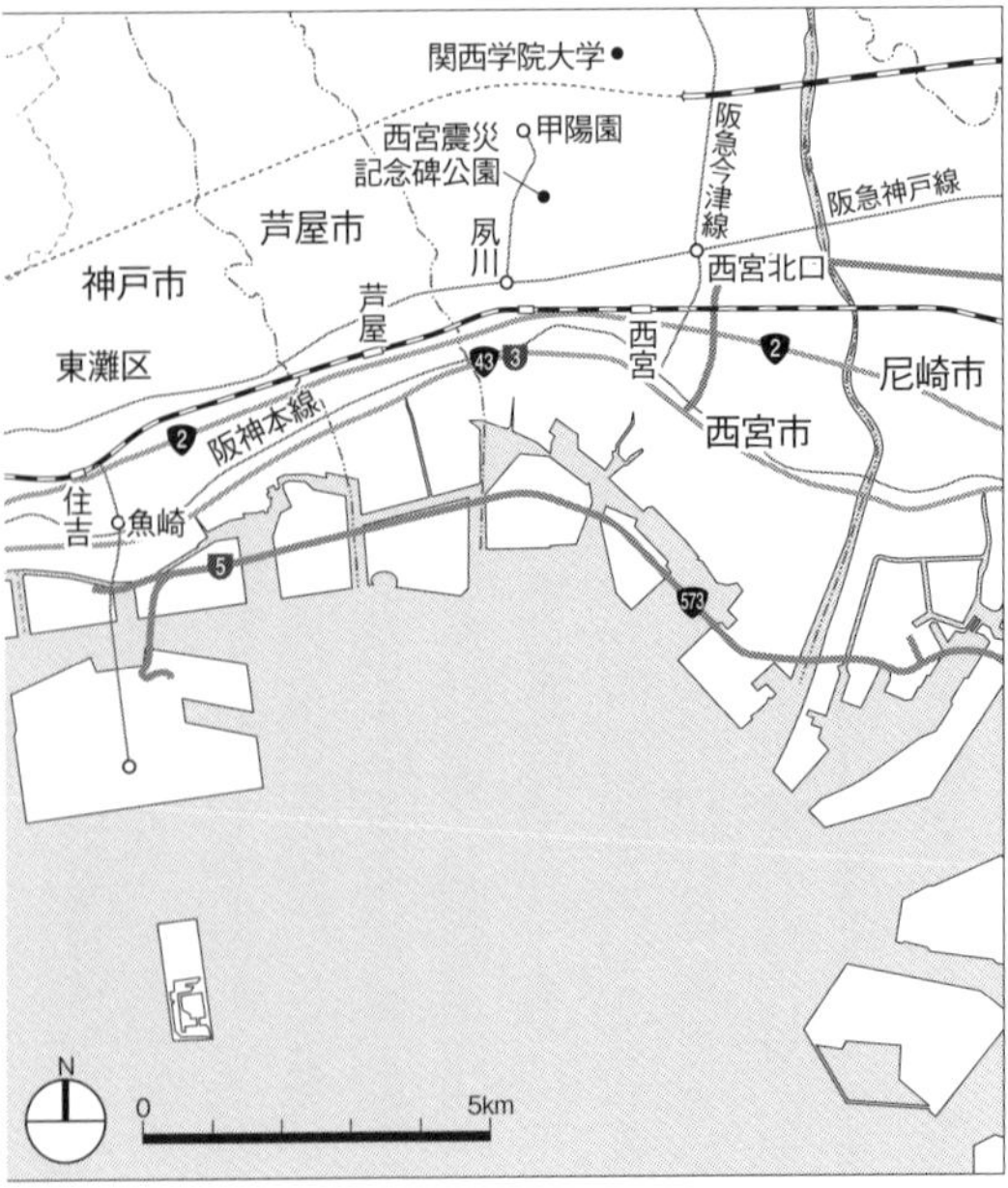

関西学院大学
西宮震災
記念碑公園
甲陽園
阪急今津線
阪急神戸線
芦屋市
夙川
西宮北口
神戸市
芦屋
西宮
尼崎市
東灘区
阪神本線
西宮市
住吉
魚崎
5km

Ⅳ　復興課題とコミュニティ

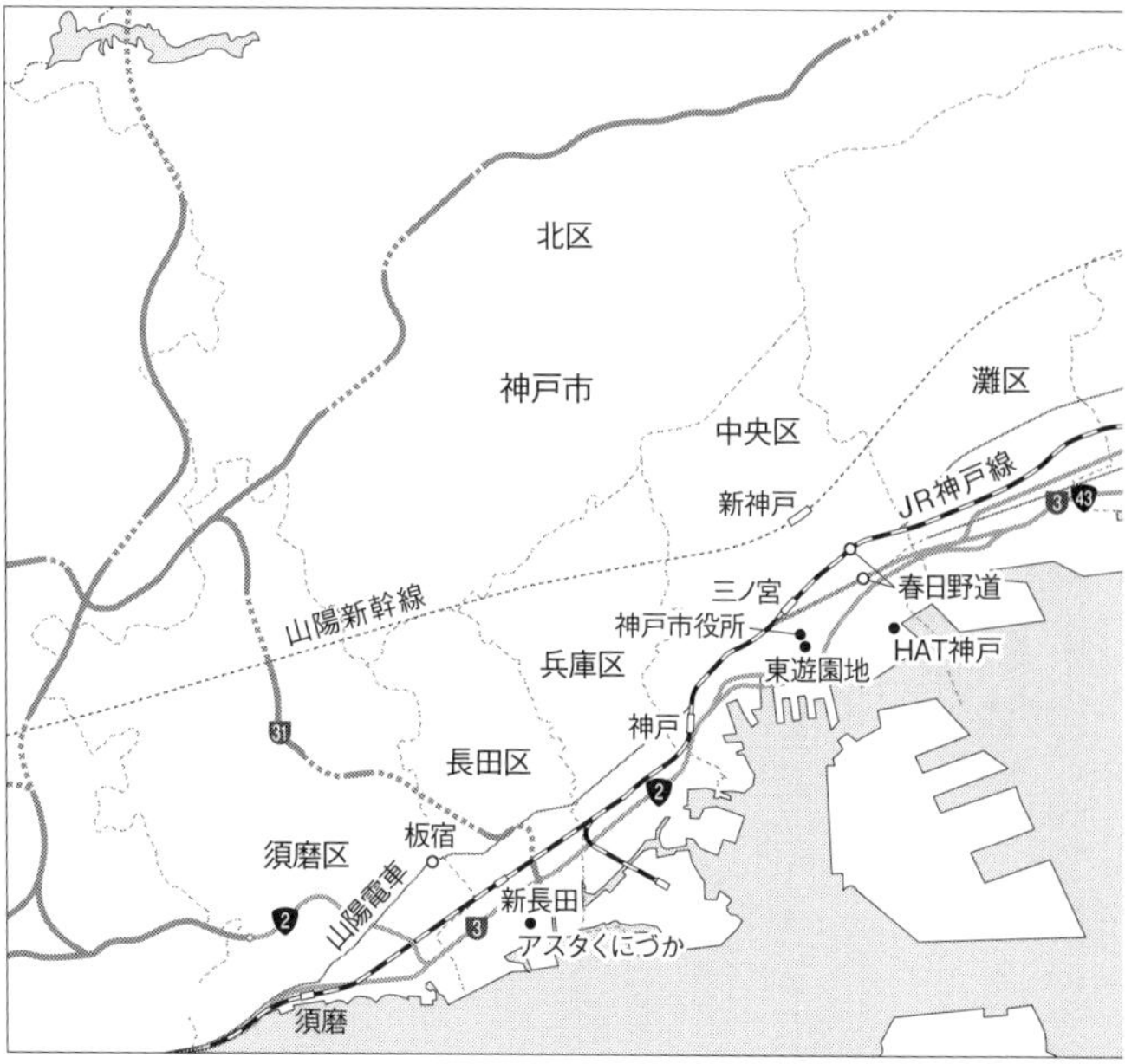

第7章　商売と生活を立て直す戦略
——自力復興した洋食店主のライフストーリー

中野　智子

はじめに

「震災後の心境の変化は、多少はあるけどそんなに意識してないからな。あんまりないかな。10年20年は一緒やで」（近藤英也さん21・12・10）

震災後の阪神地区は、行政や民間団体による復興計画のもとに、短期間のうちに再開発が実行された。それは震災の負のインパクトを軽減することはできても、必ずしも長期的に地区の経済と住民の生活を支えるものではないため、一時的な回復のみで、後に負の遺産となるケースもあった。それに対して上記の商店街の店主の言葉は、短期的な視点で早期に回復をはかるのではなく、長期的に経済的打撃を吸収してきた心境を語ったものである。

しかしその思いは、経営戦略として明瞭に言語化できるものではなく、「よければ（店に）来てほしい」など、曖昧な言葉で表現される。メディアへの露出を頻繁にしていたから繁盛店になった、というような戦略は語られない。

本章では、一見無計画なようにみえる店主の言葉をつなぎ合わせて、自力で洋食店を復興し現在まで営業を続ける長期的な生活戦略がどのように組み立てられ、震災のインパクトを緩やかに埋めていったのかを明らかにしていく。

1　自営業が負った「震災のインパクト」

1.1　「グリル近藤」の被災

ここで取り上げる事例は震災当時、ほぼ半数の店舗が倒壊するという大きな被害を受けた神戸市中央区の春日野道《かすがのみち》商店街である(1)。その一角を占める洋食レストラン「グリル近藤」を営むのは、近藤英也《ひでや》さん・春子さん（被災時58歳、現在85歳）である（写真7・1）(2)。

震災で全壊した店舗が再建されて、新たに店をスタートさせたケースでは、最初は復興需要もあり、一時的な盛況になる。しかし経営が上手くいかず、閉店した例は数知れない。その中で近藤さん夫婦は、借金を完済して今も営業を続ける。ではどのように自力で店の復興を成し遂げたのか、店主である近藤さん夫婦のライフストーリーを詳しく見ていくことにする。

写真7.1　近藤英也さん，春子さん
（神戸市・グリル近藤にて　2022. 2. 7）

近藤さんが経営する「グリル近藤」は、震災から約40年前の1950年代に開店した老舗である。一階が店舗で二階が自宅の店舗兼住居に暮らしていたが、震災によって全壊してしまう。被災後1週間は近所に倉庫があったため、そこに避難していた。避難所は満杯で入れず、車の中で過ごした。そもそも神戸に大きな地震が来ると思っておらず、避難所に行くという考えすら持っていなかった。幸い近藤さんの親族で亡くなった方はいなかったが、近藤さん夫婦は家が倒壊したため、親戚や知人宅を転々とした。

近藤さん夫婦は収入源である自営業が存続できなくなったため、生活のためにすぐにアルバイトを始めた。「店を再開したい」という思いを持ち続け、商店街のもとの店舗兼住居に通いやすいように近所に新しくマンションの部屋を借りたが、その家賃は高く、アルバイトをして生活費を稼ぐしかなかった。震災後で、人手が大量に必要であったため、必死に探さなくても、すぐにアルバイトの採用が決まった。体力と今までの自営業の経験を考えて職種を選び、英也さんはガードマン、春子さんは惣菜の工場に2年間勤務した。

春子さんはアルバイト先から、「このまま働き続けてほしい」と言われるほどの活躍ぶりだった。今までの洋食店での経験を買われて、総菜の開発を任されたほどである。その新しい総菜が成功し、店頭でよく売れた。しかし、家に帰る途中にもとの店の前を通ると、常連客から「またお店をしてほしい」と声をかけられることが多く、店を再開したいという気持ちを加速させた。

ここまでの近藤さん夫婦のお話を聞くと、震災発生によって家と仕事の両方を失い、震災のインパクトが二重の負担となってのしかかっていた。しかし、苦労しながらも、生活を続けていくために働き続け、収入確保のために立ち止まることはなかった。店を再開したいという強い思いと、生活を続けるための義務感から、震災後の2年間を乗り切ったのである。

1.2　自営業への強い思い

近藤さん夫婦の「自営業への強い思い」はどこからやってきたのだろうか。それは英也さんが中学卒業時の70年前へと遡る。

1950年代（昭和25年頃）の日本は、物資が枯渇していた戦後の時代である。みなが必死に一日一日を生きていた。この当時の月給は2千円ほどで、サラリーマンという言葉すら一般的ではなかった。仕事を教えてもらい、衣食住を提供されると言った方がよい。自営業の方が、雇われるよりも多く稼げるので、人より上だと見られていた。そのため、独立して店を持つことは、働くみんなの共通の夢となっていた。

英也さんは中学卒業後ふとしたタイミングで、神戸市の各地で洋食店の見習いとして住み込みで働くことになる。給料ではなにも買えないような生活だったが、いつの日か独立を夢見て働いていた。

その後春子さんと結婚して、神戸の中央区に一緒に住んでいた。そこは二階建ての二階が住居だったのだが、一階が空き店舗になっていた。そこで「店を始めてほしい」と家主に頼まれて、英也さんは夢であった洋食店を一人で始めることになった。神戸で独立して店をしたいというこだわりがあったわけではない。勧められた流れで始めた小さい店で、春子さんは別のレストランで働いた。

店は順調にお客さんを増やして繁盛したが、家主に「店が繁盛しているから、自分たちが代わりに店をやりたい。出ていってほしい」と言われて、店を閉めた。その後、新しい場所で店を始めるために物件を探す。検討した結果、春日野道商店街の店舗で再スタートを切った。店は広く、全部で39席ほどあった。店が軌道に乗ってから春子さんも一緒に働くことになり、従業員を雇いながら、震災発生まで店を切り盛りした。店の二階の自宅で子どもを育て上げ、成長後、長男は同じ商店街で両親を支え、次男は独立して異なる職種で働いている。

従業員は、店のシャッターに募集の張り紙を出せばいくらでも応募があるような時代で、人手には困らなかった。出前も行い、店舗はお客さんが外に並ぶほど繁盛していた。当時、川崎製鉄や神戸製鋼などの下請け工場が多くあり、お客さんを獲得することは容易であった。ランチの時間には工員のお客さんが常連だった。人通りが多く、忙しい期間が長く続いた。

このように、中学卒業時に雇われるよりも自営業の方が稼げたという社会状況と、「自分たちは繁盛店を続けてきた」という自信から、自営業への強い思いが育まれたのである。

2　全壊した店を再開するまで

2.1　商売の勝負勘

店を再開したいという思いを強く持ち続け、実際に再開できたのは、震災発生から2年後である。アルバイト生活を始めて約1年後に、同じ春日野道商店街の現在の店を選んだ（写真7・2、7・3）。ほかにも西宮など様々な候補があったが、震災前の店の向かい側に物件が見つかった。物件の建て替えのために、1年間待って再開を実現した。

その店は震災前の店より狭く、客席は20席ほどであるが、前の店で使っていた道具類はすべてなくなり、一からのスタートになった。

写真7.2　グリル近藤　店舗の外観
（神戸市・春日野道商店街 2022. 2. 7）

写真7.3　春日野道商店街のアーケード
（神戸市中央区 2023.1.21）

従業員は雇わず、店に来てくれるお客さんを第一に考えて、出前は行わないことにした。

再開にあたって近藤さん夫婦には、確かな商売の勝負勘があった。まず震災前と同じ商店街で店ができることで、新たな人間関係のストレスがなく、なじみの同業者仲間が店に来ると話がはずみ、気持ちが楽になる。商店街の雰囲気も理解しているため、すぐに新しい店になじむ。そして老舗として今までやってきた自信も大きい。前の店の常連客がついているため、客足の心配もない。

また客席が20席ほどで、夫婦だけで切り盛りできる。人件費を必要としないため、最低限生活できる利益を確保すればよい。最後に、阪急と阪神の春日野道駅を結ぶ商店街は震災後も人通りが多かった。今までの常連客以外にも、お客を獲得できそうだった。

近藤さんは、廃業して雇用されて働くことは考えなかったのだろうか。高度経済成長期に雇用者の給料が上がったことで、近藤さんも実際に正社員になりたい時期があったと語ってくれた。だが当時の近藤さんは中卒で58歳である。アルバイトを続けて生活する選択肢もあったが、店が好きで、この仕事で子どもを育て上げた自負があった。いまさら他の道にそれることは考えられなかった。

2.2 借金返済の方策

昔の常連客には「店を再開してほしい」と請われ、ぴったりの物件も見つかった。条件がそろった近藤さん夫婦は、店の再開に踏み切った。再開には初期費用がかさむため、銀行で借入れをした。1300万円を10年間で返済する計画である。利息込みで月々約15万円のローン返済は、二人にとって過酷なものであった。
早く返済するためには、メニューの価格を上げて利益を増やす方策が考えられるだろう。だが、グリル近藤は震災前から一切値上げせず、日替わりランチ700円にこだわってきた。食材のエビは毎朝背ワタを処理して、肉も三田ポーク、パン粉も手作り。このように、おいしくて安く食べられる洋食を提供し続けたのである（写真7・4）。

写真7.4　グリル近藤のメニューが並ぶショーケース（2022.2.7）

それでは返済の方策は何だったのか。それは再開から2ヵ月間、午前11時から午後11時まで店を開け、お客さんを増やし、売上げを増加させたのである。10時間以上働くことになるため、体力的には厳しい。しかし開店した当初、前の店のお客さんが戻ってきて「またおいしいグリル近藤の料理を食べることができてうれしい」と口をそろえて言ってくれた。それが嬉しくて、やりがいになった。知り合いやアルバイト先の社長が開店祝いに来てくれたり、震災の補償金で生活が落ち着いた人たちが来店してくれたことも、売上げ増加の要因だった。

さらに気持ちの上で助けになったのが、信頼できる同業者の仲間の存在である。仲間が食べに来て近況報告をしてくれることで、ふだん休みがなく会えない人たちとも話ができる。

これらの勝負勘が当たり、グリル近藤の忙しい期間は7～8年も続いた。常連客に支えられたことで、計画通り借金は10年で完済できた。

3　商売を続けるために何が必要か

3.1　商売の秘訣

グリル近藤は、なぜ再開後、順調に営業を続けられたのか。

グリル近藤の経営の特徴を考察すると、まずは客層を選ぶことを徹底している。お客さんならば誰でも入れるわけではない。震災後すぐの時期には酔って道端でフラフラしている人が多かった。家がなく、行く場所がないのである。その人たちを絶対に店内へ入れなかった。そして春子さんが「合わない」と思ったお客は、次の来店時に大きな声で独り言を言って不快にさせ、店を出ていくように仕向けた。このように、お客さんを選ぶことで、店の雰囲気を保ち、厄介な客がいないことで、誰もが食事を楽しむことができるように苦心した。

次に、基本的に年中無休である。いつでも店は開いていると、お客さんを安心させる。長年店を続けているからこそ、お客さんとの信頼関係ができている。

そして、価格を変えず安くてうまい洋食を提供し続ける。インスタント食品を利用せず、生から調理するため、毎日約1時間半仕込みが必要である。体力的にはつらい作業であるが、「グリル近藤だけの味」を出せることで、常連客がつきやすいメリットがある。

最後に、いつお客さんが来店してもいいように「気持ちを構え」緊張感を欠かさない。店を開けたら、いつでもお客さんを迎える準備ができている。すぐに調理できるように、しっかり仕込みをする。

3.2　仕事とプライベートの切り替え

震災から10年経過した頃、近藤さん夫婦は、HAT神戸の賃貸住宅入居の抽選にようやく当たる。HAT神戸は、2005年にできた神戸市の東部新都心である。震災で被災して撤退した神戸製鋼や川崎製鉄の跡地などを再開発して、商業施設ブルメール、病院、公共施設、高層住宅などがある。

近藤さん夫婦は、今まで暮らしていた商店街の近所のマンションを引き払って、HAT神戸で暮らし始める。近藤さんは震災後によかったこととして、HAT神戸への入居を挙げる。見晴らしがよく、商店街に通いやすい。部屋の広さにも満足している。店舗まで徒歩で30分ほどかかるが、我慢できる。また、住民同士があいさつだけで、お互いに干渉しあうことなく、プライベート空間を確保できる。

仕事とプライベートを切り替え、休業日は映画を見に行ったり家でゆっくり過ごして気持ちを落ち着かせる。このように近藤さんは仕事がうまくいかない期間でも、店に食べにきてくれる同業者の仲間に助けてもらいながら、プライベートを充実させていた。

3.3　働き続ける理由

２００７年頃に借金を返済して、近藤さん夫婦は少し気持ちに余裕ができた。

「ローンを払い終わった時と、店を再開した時は、震災が終わったと思ったね」（春子さん22・1・20）

このように、自分なりの解釈で復興が完了したと捉えている。気持ちが楽になってもなお、長年自営業を継続してきた強い思いから、店を閉めようと考えることはなかった。

近藤さん夫婦は二人とも、70歳頃にがんを経験している。その時も、手術で入院する以外は、店に立ち続けた。ふだんは英也さんが厨房に入るが、英也さんががんになった時には、春子さんが交代した。接客は春子さんの妹さんが行い、店は営業していた。早く閉店したり休業した後に、お客さんが「ずっと待っていたよ」と戻ってきたり、常連客が「店は開いているかな」と頻繁にのぞきに訪れる。お客さんに強く望まれている実感があるため、辞めたいとは思わない。

ローン完済から現在までの約15年間は、気持ちに余裕が生まれながらも、自分たちの仕事に誇りを持って働き続けた。なぜここまで仕事をしてこられたのか。それは震災の捉え方に理由がある。

「震災の時は復帰できるかできないか、仕事があるかないかっていう話。ぼくらの時代の時とまた違う年代の人は、感じることが違うやろうな。震災を忘れたらあかんけど。だけどいつまでもそんな引きずってはないな」（英也さん22・1・20）

このように近藤さんにとっての震災は、すべてを失わせる大災害であったが、太平洋戦争の戦後のように何年も続く苦難ではない。戦後は、ほとんどの国民が明日の食べ物を確保できるか、仕事に就けるのかわからない時代で、その困窮はすぐに抜け出せるものではなかった。敗戦から10年20年と時間をかけて、国民の自助努力によって生活が豊かになっていったのである。

しかし震災に遭った1995年には、短期間に生活再建できるよう、急遽、支援活動が始動した。行政や民間団体の資源が大量に投入され、全国からボランティアが駆けつけるなど、復興が比較的容易で迅速になされた。そのため、近藤さんは震災を、戦災ほどの壊滅的な出来事と考えず、生活の延長線上に捉えている。被災の記憶を引きずらず、いかに生活を続けられるかを考え続けて、27年間を過ごしたのである。

4　復興の分かれ道——春日野道商店街と長田区商店街

4.1　変貌する商店街

震災前から、春日野道商店街はパチンコ店が3店あり、近くに映画館があった。人通りは多く、近所の人を中心ににぎわいがあった。ところが２０００年代後半から人通りが減少してにぎわいがなくなる。商店街の周辺に大型スーパーができたからである。

スーパーの出店によって、商店街を構成する小売店が激減した。現在も洋品店は点在しているが、魚屋や青果店は姿を消している。買い物はすべてスーパーへ行けば済ませられるため、消費者のニーズと合わなくなってしまったからである。

また震災後の再開発で、ＨＡＴ神戸が誕生した。近藤さんの住居になったのと同時に、商店街にとってはライバルとなる。商店街の近くにあった映画館がなくなり、ＨＡＴ神戸に行けば映画やショッピングなど娯楽がそろっているため、わざわざ商店街へ足をのばす必要がなくなってしまった。

だが飲食店はスーパーでは代わりがきかない。商店街の空き店舗に、新規開店の飲食店が増加した。震災で廃業する店は少なかったが、再開しても続かない店は多い。それは新規の飲食店も同じである。

4.2　長田区の再開発事業と商店街の衰退

春日野道とは対照的に、神戸市長田区では、短期的に経済を回復させようと、神戸市が大規模な再開発事業を行った。市は復興をどのように進めたのだろうか。

長田区商店街の被害は、甚大だった。建物の全壊率を見ると、大正筋商店街では78％、昭和筋商店街では51％、西神戸センター街では53％。１９９５年7月時点で再開した店舗は全体で52％ほどである（安藤 2003: 242）。

震災前は商店街に多くの人通りがあり、にぎわいがあったが、震災後はＪＲ新長田駅の南側に位置する再開発地区の高層ビル「アスタくにづか」（写真７・５）に移転し、約２８０の飲食店や小売店などが入居した。その経緯は以下の通りである。

神戸市は震災から早くも２カ月後に都市計画を決定した。ＪＲ新長田駅の南側に位置する約20.1ヘクタールで事業費約２７１０億円に及ぶ全国最大規模の再開発事業が始まった。40数棟の高層ビル建設計画が立てられ、第二種市街地再開発事業として神戸市が強制的に土地買い取りを進めた。地区の商店主は神戸市に土地を売却し再開発後の区画を買い戻すか、この地区を立ち退くかの選択を迫られた。その結果、なじみの土地への思いを捨てきれず区画を買い戻したり、人通りの少なさから転出

写真７.５　アスタくにづか３番館
（上）完成写真（出典）神戸市ウェブ
（下）シャッターを下ろした商店街
（神戸市長田区 2023.1.21）

するなど、人さまざまであった（サンテレビＮＥＷＳ 2020. 1. 16）。

行政主導の復興計画は、住民にとって経済的な錘となり、失敗に終わる。住宅やビルの再建などのハード面の復興を急ぎすぎたために、再開発に踏み切った結果、住民同士の結びつきが断ち切られたのである。こうして震災前の半数の店舗しか戻らず、客足も減った。庶民的な雰囲気が失われてしまったことを惜しむ人も少なくない。実際、高齢化の影響もあって、長田区の人口は震災前の８割にも届いていない。一方で土地の評価額が上がったため、固定資産税は倍以上になり、ビルの管理費やメンテナンス費用の負担が店舗に重くのしかかる（産経新聞 2017. 1. 16）。

4.3　春日野道商店街の復興

春日野道商店街は長田区とは異なり、周辺の状況を考慮すれば、自力復興ができないほどの被災には陥らなかった。店舗の倒壊は約50％、半損壊は約30％、被害なしと軽微は約20％、死亡者1名、重傷など負傷者はなかったという。そのため震災発生から５ヵ月の１９９５年6月時点で、個人による自力復旧・復興の動きが現れている。その後も意欲のある商店主たちは、民間の経営コンサルタントの支援を受けて、経営の力量を上げようと努力してきた。

もちろん、春日野道は自力復興のみではなく、行政や民間団体の力も借りている。商店街全体への神戸市の補助金はおりなかったものの、「耐震耐火の建築化」を兵庫県中小商業活性化基金助成事業に申請し、震災に強い商店街をめざした。住民同士が何度も話し合いを重ねたことで、商店街としての結びつきが強まった。行政頼みにならず、個人の復興努力と行政や民間団体の協力で、復興が進められたのである（小松 1999: 118-24）。

長田区と春日野道との商店街の大きな違いは、常連客が今もついているかである。長田は短期的な回復を急ぎ、行政側が強制的に土地を取り上げて新しくビルを作ってしまった。その結果、老舗の店が廃業し、常連客が離れてしまった。地区全体の復興計画を立てたことで、一つ一つの店を存続させる戦略がない。春日野道は行政による復興計画がなかったため、一つ一つの店が独自に戦略を考えて経営を立て直した。そのため商店街の雰囲気は変わらず、常連客が現在もついている。

このように行政主導の再開発事業は、商店街全体を変えて、衰退させてしまった。店側の経営が上手くいかなかったという問題もあるが、行政側にも責任がある。

4.4　グリル近藤のこれから

春日野道商店街のグリル近藤は、借金を完済した後も不況の荒波にもまれながらも、営業を続ける。顧客のニーズに合わない店はどんどん潰れていき、商店街に人が少なくなった2000年代後半、そして現在まで店を続ける原動力について、近藤さんはこう語る。

「生活しなあかんからやってるだけのもんで。やめたらボケるし。今までやってきたことやからな。その続きみたいなもんや」（英也さん21・11・3）

店を続けることが当たり前、「生活を続ける」という目的があるからこそ、長期的な戦略に立ってほとんど休むことなく働き続けられたのである。その根底には「店をすることがなにより好き」というポジティブな姿勢が垣間見える。

近藤さん夫婦は2022年に86歳となった。現在の閉店時間は午後4時ごろ。体を気遣いながら、今日もお客さんのために料理の腕を振るう。最近は若い人や家族連れが増えた。メディアの取材で店を知った人や、安くガッツリ食べたい食欲旺盛の若い人が来店する。

店の辞め時を考えるのは、ここ最近のことである。コロナ禍で客足が落ち込んだことで、引退を考えることが増えた。体力的な問題もある。仕込みに時間がかかり、原則年中無休で休みがない。店を始めるのは簡単だが、閉めるのは面倒である。近藤さん夫婦には跡継ぎはいない。息子に継がせたいとも思っていない。

設備を新しくすると、「せっかく新しくしたから、またがんばろう」と思ってしまう。しかし、店を閉めると今まで通ってくれた常連さんにも申し訳ない。なにより収入源を失ってしまう。体が健康である限り店は続けたいが、今が辞め時かと迷う瀬戸際である。

おわりに

本章で見てきた通り、近藤さん夫婦は震災で家と仕事を失った。戦災と同じほどの惨状だったが、日本の戦後の「物資も仕事もない苦難の時代」とは異なり、すぐに就ける仕事があった。仕事があれば、食べていくことができる。長年の商売の勝負勘で条件を整え、2年後に洋食レストランの再開にこぎつけた。お客を選び、低い価格設定と手作りにこだわり、誇りをもって営業を続けた。行政の再開発事業のような早期の回復を求めず、長期にわたってグリル近藤の商売と生活の戦略を実行したおかげで、震災で失った経済力と生活を自力で取り戻したのである。

近藤さん夫婦は今日も店を開け続ける。

注

(1) 商業統計では「小売店・飲食店及びサービス業を営む事業所が近接して30店舗以上あるもの」を商店街と定義しているという(中小企業庁ＨＰ)。

(2) 現在とは、本章調査時の２０２１年11月～22年1月頃をさす。以下も同じ。

参考文献

安藤元夫 2003『阪神・淡路大震災　被災と住宅・生活復興』学芸出版社
小松秀雄 1999「商店街の復興まちづくり――春日野道と生田の商店街を中心に」岩崎信彦ほか編『阪神・淡路大震災の社会学3　復興・防災まちづくりの社会学』昭和堂：116-31.

近藤英也、春子2020「証言06　大変よ。頑張らなあかんよ、一日一日。そんな泣き言、言うとられへんよ」牧編：215-32.

参考資料

神戸市ＨＰ「神戸の再開発 新長田駅南第１地区」https://www.city.kobe.lg.jp/a13150/shise/kekaku/jutakutoshikyoku/redevelop/kobe-kh/susume/nagata/nagata-1.html（2023.1.11 閲覧）
産経新聞 2017. 1. 16「まちをつくる㊥商店街再生　背伸びあかん　長田の「失敗」　東北で生きた」https://www.sankei.com/article/20170116-OMCBGBS7VVJO7G3R7F55SDNPZ4/（2022.1.11 閲覧）
サンテレビＮＥＷＳ 2020.1.16「【特集】阪神淡路大震災から25年　再開発事業で新長田は」https://sun-tv.co.jp/suntvnews/news/2020/01/16/19892/（2022.1.11 閲覧）
中小企業庁ＨＰ「ＦＡＱ　小売商業対策について」https://www.chusho.meti.go.jp/faq/faq/faq22_kouri.htm（2022.1.11 閲覧）

第8章　「公」と「私」の交錯の先に見えた震災の教訓
——行政職員の経験した葛藤と苦難

湯田菜生美

はじめに

「隣の家は全壊やのに、なんで俺の家は半壊判断やねん、おかしいやろ」
「公務員だって被災者やのにずっと仕事ばかりで、家の心配がなくならへん」（中田さん22・10・3）

容赦なく浴びせられる辛辣な言葉に、同じく被災者でもある行政職員は悩んでいた。公務員という仕事についていているだけで周囲からは被災者という認識が薄れ、不満をぶつける対象として見られることが増えた。私生活に対してかけられる時間が削られ、仕事と生活の同時復興が容易には進まない苦境状況に陥ってしまうことがあった。

また、震災時にはふだんとは違う不慣れな業務内容があるにもかかわらず、世間からの視線は厳しかった。業務内容、進捗状況、すべてにおいて半ば監視されている緊迫感と圧迫感の中で、復興作業に取り組んできたのである。

本章では、被災者であり、かつ被災者を支える支援者の立場にあった公務員である中田豊彦さん（仮名、調査時52歳）にインタビューを行い、被災者／支援者の視点から阪神淡路大震災の復興の最前線で働いた当事者としての葛藤を明らかにしたい。行政職員として働いていた当時、「公（public）」と「私（private）」両方の観点に立って仕事に取り組んだ中田さんの使命感を手がかりに考える。そこには、単純に「公」を優先すれば済むのではなく、むしろ震災の経験を経て「公」につながる「私」の重要性を理解して初めて臨むことのできる、震災の復興論がある。

1　復興の最前線で働く公務員の使命感

1.1　震災発生から1週間

中田豊彦さんは、阪神淡路大震災について「神戸の未来像が崩れた」と振り返った。それは、行政職員として被害状況や神戸の街の崩壊を見た際の感情である。震災が起こったとき、中田さんは公務員としてどのような行動をとったのだろうか。

中田さんは震災当時、社会人3年目で弱冠25歳だった。神戸市役所に勤務し、市のマスタープラン、つまり未来の神戸市の設計図となる20年後の都市計画を作成する部署に配属されていた。これからの神戸の活性化に向けて計画を立てていた最中に、阪神淡路大震災が襲い、神戸の未来を打ち砕いたのである。

中田さんは須磨区の実家で就寝中の早朝、強い揺れに襲われた。揺れが収まり、初めにとった行動は、家族の安否確認と近隣の被災把握だった。家族にけがはなく、実家は倒壊を免れたが、後に述べる応急危険度判定で「要注意」を受けた。母屋の損傷は生活に少なからず影響を与えた。近所では火災が起こり建物が倒壊した惨状を目の当たりにした。

地震により電気・ガス・水道の主要ライフラインが断たれ、携帯電話のなかった当時、職場に連絡を取ることは容易ではなかった。実家の電話をあきらめて公衆電話を探し回った結果、7時頃に奇跡的に最寄りの駅にある公衆電話を使うことができた。当時の上司に電話がつながり、まず自分の無事を伝え、次に指示を仰いだ。神戸全体の現状把握のために被災情報を聞いたのちに、素早く次の行動に移ることができた。

「公」として初めての仕事は、震災当日、西区役所にヘルプ要員として配属されて行った救援物資の受け取りと仕分け作業だった。次々に運ばれてくる食料や毛布などの救援物資の仕分け、分配の作業に三日三晩を費やした。全国から有志の方が届けてくれる物資をまとめて保管・整頓する作業であったが、まだ何も決まりごとがないままのスタートだったため、混乱を招かざるを得なかった。

須磨区役所の避難所の中に臨時のテントを張り、運ばれてきた物資を受け取り、空いている隙間に重ねて置いていく、終わりの見えない作業だった。とにかく体力勝負で、勤務時間はほぼ丸一日、仮眠は座ったままや施設の廊下や空いている部屋の床で2～3時間程度しか取れなかった。夜中にも15分から30分に一度余震が起こるなかで、作業は夜通し中断することなく行われた。自身の安全に加え、家族の安全、実家の建物崩壊の危険にまで気を配っていたため、不安と極限まで戦っているような感覚だった。初めて帰宅できたのが被災3日めで、業務終了と同時にどっと疲れが押し寄せてきた。

そのようななかでも、救援物資提供者の中で印象に残った人がいる。その人は水をビール瓶に詰めてトラックに積んで持ってきてくれた。何十ケースという量を整備されていない道を突き進み、少しでも役立ててほしいと運んできてくれたのである。自身の身を危険にさらしてでも水を提供してくれた人に中田さんは深く感謝し、地域のつながりの大切さを実感した。この作業は1週間ほどたった1月24日頃に、他の部署に引き継がれた。

1.2　被災状況の調査と判断

救援物資の受け取りと仕分け作業仕事を終えてから、次に街の被害状況の確認に取りかかった。神戸市役所周辺を見渡し、まず驚いたのは建物の崩壊の悲惨さだった。市役所付近の商業施設や市役所の建物そのものにも甚大な被害が及んでいた。市役所の位置する中央区では、阪急ビルの倒壊や神戸港の一部陥没、海に近い地域では地盤の液状化が至るところで発生し、連日ニュースにも取り上げられていた。また、他の職員の話を聞く度に、平穏だった生活が一瞬にして地獄へと変わったことを痛感した。

その頃には復興活動の方針も整理されてきた。次の復興活動は建築物の被害確認で、当時の中田さんの所属部署は兵庫区が担当地域だった。震災直後に建築士が「被災建築物応急危険度判定」を行い、その結果にもとづき各家屋に判定ステッカーを貼っていった。この判定は、震災後に被災した家でそのまま生活してよいのか、素人目には判断できないため、地域住民に注意喚起を行うことを目的としたものである。余震が幾度も起こるなかで、生活可能かどうかの判断を、専門家の判定士の人たちがボランティアで実施し、赤（危険）、黄色（要注意）、緑（調査済）の判定ステッカーを貼ることで、危険度を喚起した（写真8・1）。

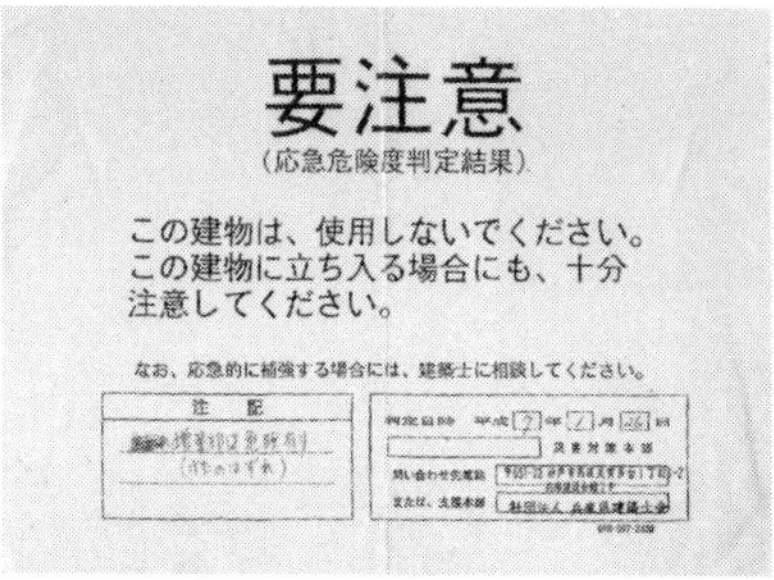

写真8.1　中田さんの実家に貼られた張り紙
注記に「けたのはずれ」と書かれている。判定は要注意の黄色

その次に、中田さんが行ったのは、義援金交付の判断資料となる調査作業である。全国から集まる復興支援の「義援金」を被災者に交付するために必要な「罹災証明」を発行するための被害調査である。

「罹災証明」とは自然災害によって住家に被害を受けた場合に、被災者からの申請に基づき住家の被害家屋調査を実施し、調査結果に応じて被害の程度を証明するものである（神戸市）。目視確認によって倒壊程度を全壊、半壊、一部損壊の3段階に分ける。その結果を上司に報告し、被害地域を確定していく。

当時の神戸市資料によれば、震災後間もなく数多くの市民がこの証明を申請に来たために、区役所窓口が混雑した。検討の結果、神戸市内の全建物を対象に現地調査を行い、それによって各建物の罹災の程度を判定し、住宅地図に罹災の程度を表示する「罹災台帳」を作成する。台帳をもとに神戸市が「罹災証明書」を発行することになった。こうした調査は、被害地域の程度に応じて、義援金を公平に交付するための初期段階の作業である（内閣府HP）。

その作業の中で最も大変だったのは、おもに二つである。一つは広範囲の自転車移動である。震災によって多くの地区でがれきや崩落物で道路がふさがれ、車両は進入できなくなっていた。これは兵庫区も例外ではない。広大な範囲を先輩職員を含む3人で調査しなければならなかったため、身体的な疲弊も大きかった。

もう一つは、被災者からの嫌悪感あふれる視線を感じる中での作業、そして被害の判断に対する非難をすべて引き受けながら仕事に取り組む緊張感と圧迫感である。調査段階では倒壊した家を一つ一つ正確に見ながらメモを取っていたのだが、それが被災者の「癇に障った」ことがある。「何じろじろ見とんねん」「救助も復興も手伝わんくせに、どっか行け」などと辛辣な言葉を浴びせられることは、当たり前だった。判断基準はお金の絡む問題だったため、被災者は誰もが敏感になっていた。「隣の家は全壊やのに、なんで俺の家は半壊判断やねん、おかしいやろ」と食ってかかられることもざらにあった。仕事だからと割り切るには、しんどいところがあっただろう。

1.3 新たな「公」を作る：復興計画の完成

中田さんが復興活動を終えて通常業務に復帰できたのは、同年の3月頃。約2カ月の間、地域の復興活動に自身の業務時間を当てていたことになる。もともとマスタープランを作成していた所属部署は、震災によって業務内容がガラッと変わってしまった。震災をきっかけに新たに神戸の街の「復興計画」の作成に取り組むようになったが、この作業の中で、神戸の街の未来の在り方に改めて疑問を持ち始めた。なかでも一番の疑問点は、どうやって街を成長させるかということだった。これは「復旧」と「復興」の違いから答えが考えられる。

「10年後に10年前の神戸の姿に戻すっていうのは、単なる「復旧」や。これじゃ遅いやん。周りはもっと進化してるわけやから」（中田豊彦さん22・10・3 以下同）

震災後の神戸の街の復興は、以前よりもさらに耐震化・防災化を徹底したまちづくりをする必要があった。10年後の復興完了を目標に計画を立てるのならば、その10年間に人々が安全に生活できる環境を整えながら、早急に復興を進めていかなければならない問題点もあった。今後、同じような地震や災害が起こった時に、人と街を守る環境や設備を整えるという目標のもと、様々な分野の専門家や市民を合わせて百人ほどのグループを作った。神戸の街の耐震構造化や被害の再発防止の対応方法について、職員たちは何度も話し合いながら作業を進めていくことになった。「復旧ではなく、復興を達成する」という大前提のもとで、作業に取り組んだ。

「復興計画」の内容を決めることは、もちろん容易ではなかった。そもそも復興計画とは「震災復興のための兵庫県の行政計画であり、国や公共団体・各種団体や民間企業に対しては必要な復興事業の推進や支援、生活・事業再建や計画実現に向けた取り組みへの積極的な参画を促す指針となる」（兵庫県阪神・淡路震災復興計画 1995）のであり、「住民主体によるまちづくり」を課題の一つとして挙げているように、地域住民の意見を取り入れたうえで計画を立てる必要があった。

しかし、対象地域である兵庫県内10市10町の同じ地域内でも被災状況が異なるため、住民一人一人の要望や考え方が全く異なっていた。中田さんを含む神戸市職員は、復興計画の完成に向け、被災状況を再確認したり計画内容について同意を得るために、地域の被災者宅の訪問を繰り返した。職員たちも被災者の一人であるにもかかわらず、被災者から暴言を吐かれる経験もした。そのような場面でも「公の仕事だから」と、何度も訪問を繰り返した。

たとえば同じ地域でも全壊の家屋のほんの10メートル先の家屋は一部損壊にも満たないというような被害の差がある。それぞれの世帯に合わせて復興のためのガイドラインを作る必要があったため、細かな確認作業も併せて一世帯に倍以上の時間を要することにつながった。これも「将来のために頑丈な神戸の街を復興していく」という最終目標に向けてやり遂げることができたと、中田さんは語る。

多くの意見をまとめるのに苦労しながらも、時間との勝負の中で4ヵ月という短期間に仕上げ、1995年6月29日、神戸市復興計画審議会が「神戸市復興計画」を市長に答申した。その資料には神戸の被害状況、被災人数、今後の展望が細かく記載されていた。この計画を「今後の神戸を守る第一歩となってほしい」と中田さんは語った。

2 「公」と「私」の感情交錯

2.1 二つの感情の正体

震災直後は、家屋の倒壊や火災の被害が大きく、多くの地域で主要ライフラインが断たれた。中田さんの実家がある須磨区も例外ではない（写真8・2）。電気、ガス、水道が使えなくなり、水道は3日後、ガスは5日後にやっと復旧した。しかし、ライフラインが復旧しても家自体の損傷が激しく、お風呂にお湯をためることも、冬場にもかかわらず暖房機器を使えない状況が長く続いた。「私」の領域でも様々な障害が起こり、職員たちは厳しい生活を余儀なくされてしまった。

震災の被災者は、様々な感情が交錯するなかで常に「行為選択」を続けながら、生活再建の苦難に向き合わざるを得なかった。では、被災者であり、かつ被災者を救済する側でもある行政職員において、「公」と「私」の折り合いをつけるとは、いったいどのようなことだったのか。それは二つの相反する感情を同時に持ち続け、感情のコントロールが難しいなかで、「公」か「私」のいずれかの行為選択を行うことであった。

中田さんが実家の修理や補強を優先するか、公務員として仕事を優先するかという壁にぶつかった

写真8.2　須磨区周辺の被害。火災が広がり煙が立ち上っていた。崩壊した建物も多数見られる
（神戸市須磨区板宿町 1995.1.17）

とき、「公」と「私」の感情が交錯して葛藤が起こった。実際に、地域の復興を優先すべきと思う使命感と、家族・世帯の安全確保を優先すべきという不安感の二つの感情が、中田さんの心の中で渦巻いていた。

では、この感情の正体とは何か。まず、「公」の立場として仕事に取り組むべきという心の状態は「価値関係的感情」（高橋 1996）と考えられる。価値関係的感情とは、「あるべき自分」や「あるべき社会」などの観念に拘束されることによって生まれる、義務感・負債感などの感情である。

「ふだんは、震災が起こってもすぐに「公」に気持ち移して、こういう行動とって、っていうシミュレーションはできてたんやけど、実際はそうじゃなかった。家は無茶苦茶で何とか建ってるような状況でも仕事に行ったのは、なんかの義務感や

ったんかな。自分は公務員や、こういう時は自分は何かしないとだめだ（「公」において）。みたいな感覚」（21・10・21）

つまり中田さんは「公務員は市の復興活動に参加するべき」という周囲の人々の「あるべき」価値基準を内面化して、任務につく義務感を抱いたことで、「公」の行動が生まれたのである。

それとは反対に「私」の感情は次のように考察できる。中田さんは震災発生直後に実家の近所で火災が起こり建物が倒壊した惨状を見ても、落ち着いていたが、この状態は不安の一種と考えられる「接近回避葛藤」（頼藤 1992）を抱いていたと推測される。接近回避葛藤とは、そもそも「危険なことは、自覚するよりも自覚しない方が安全」と考えて自分の事を守ろうとする感情である。これが「私」の感情の起源ともいえる。

「外出た瞬間な、火の手が見えてん。ちょっとでも風の向きが変わったら、自分の家も大惨事になることが全然あり得る状況が、目の前に広がっていた。でも、ここまで火は来ん、絶対火事になんかならんって思いこませて、冷静保ってたわ。焦って何もできひんよりも次の行動とらんとみんなが危ないって、本能的に感じてたんかもな」（同）

つまり中田さんが震災時にとった平常心の行動は、「私」的な「接近回避葛藤」によって震災直後の危険を心の中で認めない壁を作ることで可能になった。心の余裕を保つことで、なんとかその場を凌いだのである。その後に「公」務員としてこうあるべきという「価値関係的感情」にもとづき、使命感と義務感のもとで復興活動に集中したという感情の流れが見て取れる。

「(気持ちの)流れとして、地震が起こるまでのシミュレーションでは、すぐ「公」に行くっていうイメージやったんやけど、実際の(発生)直後は「私」→「公」「私」が落ち着いてから「公」になったなあ。心の中では自分の「私」は置いといて、すぐにでも「公」に行かないといけないと思った。でも実際に(震災を)経験してみると、いきなり「公」には行けんかった。まず「自分無事やった、家族無事やった、家、無茶苦茶やけど、何とか建ってるから大丈夫やろか、親戚の家大丈夫かなぁ」これはまだ「私」やん。

(「公」の仕事は)確認作業から、当たり前かもしれんけど入るし、それ終わってからもずっと心の中になんか突っかかってるものがあるんよね。その動揺みたいな気持ちを表には見せへんようにしてても、結局作業中頭の片隅に浮かんでくるし、集中力とか作業効率の欠如につながってしまうんよね。気持ちと行動ってしっかりつながってて、そこが一致してなかったらやっぱりなあ、人間ってちょっとずつ崩れていくと思うわ」(同)

ここでの重要な教訓は、震災時に単純に「公」を優先することは職員の作業への集中力や効率化にはつながらず、よい影響は起こりえないということがわかった点である。

3 「私」の重要性――災害出動の制度変更

行政職員たちが公私の感情の交錯を経て、震災の地獄から這い出るようにしてとった行動は、災害時の公務員の初動対応について、制度変更をもたらす契機にもなった。阪神・淡路大震災後の神戸市では、災害時に関する職員動員の規定が本格的に変更された。

「令和4年版　神戸市地域防災計画」では、勤務時間外の職員動員計画の項目で

「本市に所属する全ての職員は、本市内で以下の地震等（震度6弱以上の地震は全職員出動、震度5（強・弱）の地震は予め指定された職員が出動）が発生した場合は、職員動員の電話等連絡網による伝達は行われないので、テレビやラジオ等で情報を確認の後、防災指令の伝達を待つことなく、自らや家族等の安全を確保した後、直ちに予め指定された場所へ出動する」（神戸市:87）

となっている。「自らや家族等の安全を確保した後」という一文が震災後に書き加えられたのである。震災以前は、災害発生後は直ちに出動という規定だったが、救助に向かう職員本人たちがけがをしては元も子もないと、この震災を通して再認識されたと考えられる。

また、私事が気になり、職員が業務に集中できない事態を避けたい理由もあった。実際に、中田さんの周囲には、震災うつに陥ったことで死に至ってしまった職員もいた。そこで自分や家族らの安全確認が済んでから上司に連絡、出動というかたちに神戸市の規定が変化した。この変化は一見すると「公」よりも「私」を優先しているように思えるが、実際は異なる。震災発生後、即時に「公」の任務に当たるための準備を、ふだんの「私」生活の中で行う必要性を訴えかけていると言ってもよい。

実際に中田さんは、震災後に「私」の領域の対策として「家の安全」に重きをおき、ふだんから震災を想定し、防災を心がける生活を送るようになった。まず、いつか起こるであろう南海トラフ地震に備え、海辺の町から内陸部のニュータウンに引っ越した。それだけでなく、耐震構造の家を自ら設計して自宅を新築し、家具は床に固定した。寝室には重い家具や置物、背の高いタンスなどは置かず、万が一室内のモノが倒れた場合でも人に当たらないような配置に気を配っている。娘さんが小学生の頃には、就寝の際に中田さん夫婦の間に子どもが寝るかたちをとった。

地震対策はそれだけではない。断水に備えて庭に貯水用の樽を設置して雨水をためたり、お風呂の浴槽の水を抜かずにおくことで、非常用の水を備蓄しておく。電池を多めに保有して懐中電灯などの緊急電源を確保する、などのライフライン対策にも力を入れるようになった。これが「私」の家族領域での具体的な変化の一つである。つまり、私を優先というよりは、「公」につながる「私」領域を強化・補強しているのである。

また、「公」につながる防災対策として、以前にも増して近所づき合いを大切にするようになった。

中田さんは、震災直後の救助活動や避難時において、近隣に救助すべき人が何人いるのか、わからなかった。もちろん自分の家族の人数や就寝場所はわかっていたが、近隣に関してはまず現状把握から始めたため、「公」の行動に移るまで時間を要した。この経験から、両隣の世帯は何人か、被災時に子どもを預けられる世帯は近くにあるか、事前確認を行っていた。その効果というべきか、中田さんは子どもが小学生の頃から近隣づき合いがあり、ふだんから訪問しあう良好な関係性を築くことができていた。中田さんはこの近隣関係の徹底が、いざという時に「私」の安全を確認し「公」の任務に迅速に移るための安心材料として役立つと考えている。

備蓄や近隣関係の構築など、日頃の「私」の防災の備えがいかに大切かを、阪神淡路大震災の経験から学んで教訓にしている。

おわりに

「人ってな、なんか大事が起こってから『あー、なんかやっとたらよかった』って後悔するもんやねん。起こるまでは『ああ、そうかもね。でもまだ何も起こってないから大丈夫やろ』ってなるの。誰も阪神・淡路大震災みたいな被害になると思ってないねん。5千人以上亡くなるなんて、思ってもないねん。台風だって土砂災害だって『そんなんけえへん。来たら大変やなぁって思うけど、大丈夫や、うちにはけえへん』って思って、なんも対策さえしようとしいひんねん。ニュース見てたらさ、みんな口揃えて言うてるやん。『こんなの生まれて初めて、まさか自分の家が、家族が』って。来んねん。たまたま今まで来てなかっただけで。だから、災害の教訓って伝わってても人の考えが甘いせいで、同じ災害が起こってまうねん」(21・9・3)

阪神・淡路大震災当時、まだ社会人3年めだった当時の中田さんには、非常事態に対応するための知識も柔軟さも足りていなかった。しかし、神戸の街の復興のために全力を尽くし、現在の神戸再興に貢献した。後に制度変更によって「私」の重要性も提起されたように、震災の経験を通して、確実に市の考えや被災者の意識に変化が起こっている。

現在、神戸の街は元の姿に復興を遂げ、それ以上に進化し続けている。その裏側にはたくさんの人の労苦があった。多くの苦難を乗り越えた職員たちの働きによって、神戸の街は今では見違えるほど復興したといえる。その中でも被災者/支援者という二つの立場で葛藤してきた行政職員の人たちの苦難の経験は、人と街が自然災害に備えて成長するための貴重な教訓である。この教訓を無駄にしないためにも、被災者の声や記憶の語りに耳を傾け、「自分の命は自分たちの行動で守る」「神戸の復興の陰に行政職員たちの働きがあった」ことを語り継いでいく必要があるだろう。

参考文献

朝日新聞大阪本社「阪神・淡路大震災誌」編集委員会編 1996『阪神・淡路大震災誌――1995年兵庫県

南部地震』朝日新聞社
今井美沙子／今井祝雄・写真 1996『阪神大震災で学んだこと』理論社
荻野昌弘 1999「地方自治体の対応と住民」岩崎信彦ほか編『阪神・淡路大震災の社会学2　避難生活の社会学』昭和堂：326-44.
榊原良太 2017『感情のコントロールと心の健康』晃洋書房
市民とNGOの「防災」国際フォーラム実行委員会編 1998『阪神大震災市民がつくる復興計画――私たちにできること』神戸新聞総合出版センター
高橋由典 1996『感情と行為――社会学的感情論の試み』新曜社
浜畑啓悟・尼子修造・玉井敬之・山内潤三 1996『心の軌跡――阪神大震災』エピック
三井康壽 2007『防災行政と都市づくり――事前復興計画論の構想』信山社
山中速人・照本清峰・奈良雅美・金千秋 2020「阪神・淡路大震災の記憶継承に関する震災後世代の意識と態度：調査報告（基礎編）」『総合政策研究』61: 47-69.
頼藤和寛 1992『日々の不安――その正体とつきあい方』人文書院

参考資料

神戸市HP「阪神・淡路大震災　写真から見る震災　中央区」https://www.city.kobe.lg.jp/a44881/bosai/disaster/earthquake01/earthquake03/index.html（2022.3.1 閲覧）
神戸市HP「神戸市地域防災計画　共通編」『神戸市防災会議・神戸市編　令和4年』https://www.city.kobe.

lg.jp/documents/14602/01kyotsu.pdf（2022.3.1 閲覧）
斎藤徹 2022「当事者意識とは？　組織強化に不可欠な従業員の当事者意識について解説」School for business　https://schoo.jp/biz/column/1101（2022.10.3 閲覧）
内閣府ＨＰ「７－２　阪神・淡路大震災の経験と対応　⑵緊急対応の充実 https://www.bousai.go.jp/kaigirep/hakusho/h17/bousai2005/html/honmon/hm120702.htm（2022.3.1 閲覧）
内閣府ＨＰ「阪神・淡路大震災教訓情報資料集【02】り災証明書の発行」『教訓情報資料室　第２期・被災地応急対応（地震発生後４日～３週間）』https://www.bousai.go.jp/kyoiku/kyokun/hanshin_awaji/data/detail/2-3-2.html（2022.10.3 閲覧）
内閣府ＨＰ「阪神・淡路大震災教訓情報資料集【02】自治体の非常参集・災害対策本部」『教訓情報資料室　第１期・初動対応（初動72時間を中心として）』https://www.bousai.go.jp/kyoiku/kyokun/hanshin_awaji/data/detail/1-2-2.html（2022.10.3 閲覧）

第9章　仮暮らしの「20年問題」
——借上復興住宅のコミュニティ実践

吉村　萌湧

はじめに

「もし（借上公営住宅への入居継続の）許可下りなかったら死のうと思っていた。そのために睡眠薬貯めておいた。……入居継続許可の資料が届いた時は、そりゃあドキドキしながら封筒開けたよ。（入居継続の決定通知で）舞い上がったね！」（津田泰子さん22・1・21）

この語りは、2011年の東日本大震災の被災者でも、福島第一原発事故の避難者でもなく、28年も経った阪神淡路大震災の被災当事者の身に、今まさに降りかかっている問題である。それだけに、震災を遠い過去の出来事ではなく、いま現在の問題として見なければならない。

これは通称「20年問題」として知られている。後に詳しく説明するが、阪神淡路大震災で家を失った被災者のために、自治体が民間のマンションなどを借り上げ、公営住宅として提供した「借上復興住宅」で起こっている問題である。入居者は20年の期限付契約を結んだとされているが、その年限は当初〝無制限〟に等しいと想定されていた。期限付とは知らずに入居した人もいる。ところが実際に２０１０年８月頃から、自治体が入居者に退去を迫る通知を送り始めたのである。終《つい》の棲家だと思っていた住まいが、実は〝仮〟住まいであり続けていたのだ。

本章は、こうした仮暮らし／本当の暮らしが表裏一体となった二重の暮らしに焦点をあて、住民たちがなぜ行政の退去通知に抗うのか、被災当事者にとって震災の記憶とはどのようなものかを明らかにしたい。

具体的には、20年前の入居時から「借上げ」の期限付契約を知っていた／知らなかったという異なるケースを取り上げ、異なる立場の入居者たちが共に創り上げてきた日常生活とコミュニティ実践が、期限付の「仮暮らし」としていったん留め置かれたのちに、住民が自らの手で「本当の暮らし」を守り、同じコミュニティに住み続けていくプロセスを見ていきたい。

1　借上復興住宅「20年の期限」が今ここに

1.1　借上復興（公営）住宅とは

阪神淡路大震災では、神戸市の建物倒壊のうち６万７４２１棟が全壊、５万５１４５棟が半壊であり、人々は住む場所を失った。早急に住宅を用意する必要があったため、行政は既存の住宅を都市再生機構や民間から借り上げ、入居者の収入に応じて家賃を一部負担することで、公営の賃貸住宅として安く提供する取り組みを始めた。これが現在「借上公営住宅」と呼ばれる制度である（神戸市2021; 神戸市建築住宅局住宅整備課）。

兵庫県と神戸市、西宮市など5市が震災翌年の1996年から復興住宅としてこの制度を活用し、家を失った人々は希望する住宅に応募し、当選すれば応急仮設住宅から借上公営住宅へ移り、落ち着いた暮らしを手に入れることができた。この制度のおかげで、13年近く経過した2008年末の段階で2万2千戸の借上公営住宅を提供できた。ただし、20年後の2015年から順次住宅を明け渡さなければならない条件が付帯されていた。20年後は遠い将来であり、入居者も行政も当初は「当事者意識」がなかったといえる。

しかし時が経ち、その付帯条件が当事者に重くのしかかることになった。たとえば神戸市は、以下の三つを住宅の返還請求の理由として挙げている。まず、震災後に緊急措置として導入した当初の目的と現状が乖離している。震災体験者ではない世代が継続入居しているからである。次に、多額の財政負担である。全員の継続入居を認めると年間約4億円を市が負担することになる。最後に公平性である。震災後、自力で住宅再建した被災者との公平性が担保されない（神戸市 2021; 神戸市建築住宅局住宅整備課）。

この返還請求に対して、入居者の強い反発と不安が噴出した結果、2013年、神戸市では例外として80歳以上、要介護3以上、重度障害者がいる世帯は継続入居が認められたが、それ以外の住民は、退去して別の公営住宅へ転居するよう強いられてきた。市は退去に応じない入居者に明け渡しを求めて訴訟を起こし、入居者との係争が続いている（神戸新聞 2020. 1. 14; 市川 2020; 兵庫県震災復興研究センター編 2022）。

1.2　20年問題の枠組み

そもそも、なぜ20年だったのだろうか。自治体とマンションの所有者が、当時の公営住宅法の規定で最長期間の20年を限度に契約を結んだためである。その後１９９９年に法改正され、現在では期限を越えてもよいことになっている（神戸新聞 2015. 9. 28; 市川 2020）。自治体は入居者に対し、20年の期限を根拠に住宅返還を求めているが、そもそもこの期限を知らない人もいた。特に西宮市、神戸市の集合住宅では、１９９６年公営住宅法改正によって借上住宅が法的に位置づけられる以前に入居が始まっていた。そのため、民間の賃貸契約書に当たる入居許可書に借上期限が記載されておらず、突然退去を求められた住民の戸惑いは大きかった（神戸新聞 2014. 1. 13）。

したがって、自治体によって以下の通り、対応の判断にバラツキがある。たとえば、宝塚市、伊丹市はすべての継続入居の受け入れを決定し、入居者は退去を免れた。兵庫県、神戸市、尼崎市は条件付で継続入居を認め、それ以外は退去を求めている。要介護3以上、重度障害、80歳あるいは85歳以上の世帯などの条件である。西宮市と大阪府豊中市は、原則として継続入居を認めないが、西宮市は条件付で最長5年猶予する（市川 2020）。

次節からは、期限があるとは知らずに入居し生活してきた山村さんと、期限を承知のうえで入居した津田さんのインタビューでの語りを紹介していく。

2　ある日突然の退去通知

震災発生から20年が過ぎた2015年2月、集合住宅のポストに茶封筒が届いた。住居を退去するよう通告する文書で、山村ちずえさん（調査時88歳）はその時初めて、この住居の賃貸契約に20年の期限があることを知ったのである。

「20年の期限があると知ってたら、申し込まなかった」（山村ちずえさん21・12・3）

にわかに信じることはできなかった。すぐに知り合いに相談し、通告者である兵庫県に対して、交渉を開始したのである。

山村さんは、神戸市灘区で震災に遭い、家は全壊したが奇跡的に助かった。いま住んでいる兵庫県営の借上公営住宅は、2002年に4度めの応募でやっとつかみ取った住まいである。事故物件で応募者は山村さん一人であったため、入居できたと本人は思っている。そして、きれいに整頓されたその部屋が「終の棲家」と疑わず、20年間暮らしてきた。

ふだんは「はなたば」という社会福祉関係の事業への月一回のお手伝い、毎週の麻雀、社会問題を考える懇談会への参加など、山村さんは活動的に暮らしてきた。入居時の契約書に年限は書かれていなかった。通知を受け取るまで、普通の暮らしをしてきたが、憤った山村さんは、同じ集合住宅に住む住民たちを集め、反対運動を始めた。これまでエレベーターで乗り合わせた人たちに積極的に声をかけ、ご近所さんといってもよい仲を創り上げてきた。「何も知らされなかったのに、退去なんておかしい」と、疑問を行動に移す山村さんには、理由がある。

始まりは18歳の頃に遡る。住み込みで働いていた繊維工場の給料引き上げのデモをほかの従業員と起こした。その甲斐あって見事に給料は上がったのである。その経験が、この運動を立ち上げる契機になっている。

運動の結果、第三者機関である兵庫県の判定委員会が同年に発足した。具体的には、(借上復興住宅発足から20年の時点で)80歳以上、要介護3以上、重度障害者がいる世帯は継続入居を認めるが、75歳以上または中度の障害者、要介護1〜2などであれば、判定委員会で個別に審議して継続入居の可否を決めるという仕組みである。

この委員会が発足したことにより、住民退去の条件を引き下げることができた。山村さんも継続入居を実現することができたが、それまで運動を引っ張り、周りの住民を励ましてきたが、独り者だから行くところがない、と内心は不安でいっぱいであった。無事に入居が認められた今は、他の社会問題の解決に向けて行動している。山村さんの活動的な日々は今日も続いている。

3　退去を覚悟していた日々

「出て行かなくてはいけないことはずっと胸にあるよ、どないなるかなというのは」（津田さん21・1・21）

津田泰子さん（調査時79歳）は神戸市灘区に住んでいたが、自宅は震災で全壊し、長男の勝一さん（当時29歳）を喪った。2年半の仮設住宅暮らしを経て、震災3年後の1998年に夫と二人で今の借上公営住宅へ引っ越してきた。山村さんと同じ棟である。当時は、落ち着いて住むことのできる場所を探すことに必死であった。また、夫婦二人で飲食業を営んでいたこともあり、夫が同じ区で住み続けることを望んだため、仕方なく借上住宅に応募した。津田さんも山村さんと同じく、何度も落ち、4度めの応募でやっと決まった部屋であった。

今の住宅を見つけた際、当時住んでいた仮設住宅に市役所の職員が来て、20年の期限があることを言い渡され、期限つきは承知であった。しかし、その時に深く受け止める余裕はなかった。「20年もたてば、たくさん空き部屋ができるから安心して」という職員の言葉を信じ、入居を決めた。

意外なことに、20年の期限が津田さんの生活に大きな支障をきたすことはなかった。津田さん本人はその理由として、20年という歳月を遠い将来だと認識していたと語った。夫が亡くなるまでの間も、20年後の暮らしについて改まって話す機会はなかった。そして、20年の間に津田さん夫婦は飲食業から引退し、夫を見送った津田さんは独り暮らしとなった。

「出て行くとしても、どこでも行けるやろなという想いやった、家はなんぼでも空き家ができて市営住宅に入れる、主人もそういう想いだと、思っとったと信じとった」（津田さん22・6・2）

津田さんがコミュニティの住民と友人関係を築くのに、時間はかからなかった。同じ棟の住民が突然インターホンを鳴らして遊びにくるほど、津田さんの友人は大勢いた。当初20年の期限があることを知っていたのは、津田さんを含め約30軒のうち数人ほどだったと、あとで知った。津田さん自身はてっきり周りもそのことを知っていると思い、当時は話に出ることもなく過ごしていた。

それまで意識していなかった期限が突然現れたのは、入居から20年後の２０１８年である。ある日、津田さんやコミュニティの住民の元に県から茶封筒が届いた。もちろん退去しなければいけないことは覚悟していたが、その時初めて、周りの住民たちが知らずにいたと知った。津田さんは、「自分は最初から知っていた」とはなかなか言い出せなかった。なぜ言えなかったのかと津田さんに当時の心境を聞いたところ、しきりに「言いにくかった」とだけ語った。知らない人がいるとは思ってもいなかったので、言い出せずに月日が経ったのである。

そのまま反対運動が始まったが、運動の主張が「私たちは入居時に知らされていなかった」ことだったため、結局周りに話せたのは判定委員会が発足して数年が経ってからであった。5〜6人の友人の前で伝えた時の反応は、「へーぇ、知ってたんだ」のみで、あっさりしたものだった。なぜもっと前に言わなかったのかと怒る人もいなかったという。

判定委員会が発足し、継続入居を希望する人もいたが、当時75歳以下だった津田さんは、最初から転居先の希望を提出していた。それは、希望が通ると信じていたからである。しかし、市役所の手違いにより、津田さんより後に申し込んだ人が希望の住宅へ入居してしまった。抗議すると、条件付きで継続入居を認められた。それは、同じ集合住宅に住む30年来の友達である病気療養中の女性を介護することであった。

しかし事態はまた一変する。その人が亡くなってしまい、再び退去を強いられたため、判定委員会に審査してもらうことになった。委員会に出すいくつかの資料を集め、社会福祉協議会と六甲医療生協から、津田さんのコミュニティ活動への貢献を証明する要請文のような文書を提出してもらった。

判定結果が下りるまで、津田さんは暗闇の中を生きていた。しかし、「大丈夫よ、あなたはね、ここに住み続けられる」という友人の山村さんの言葉に励まされた。年齢は津田さんの方が若く、山村さんを信頼しきっている関係性が見てとれた。

２０２２年12月、判定委員会の結論は、継続入居となった。そして、津田さんの継続入居を認める通達が無事に届いた。大喜びの津田さんはまず、次男の息子に連絡した。そして次に伝えたのは、山村さんであった。案の定、自分のことのように喜ぶ山村さんの姿があった。息子も、山村さんのおかげだと喜んだ。

この結果が届いてから毎日がとても明るくなった、気持ちが全然違うと、津田さんは話してくれた。「出て行かなくてはいけないことはずっと胸にあるよ」と話していた津田さんから一転し、インタビュー中にも笑顔が戻っていた。

4　仮暮らしにみる集合的記憶とコミュニティ

4.1　違う立場でも同じコミュニティ

以上の20年問題における二つの異なるケースは、法律上の契約期限によって退去を迫られる問題であったが、生活の実態において共有されてきた、コミュニティ実践の重要性も浮き彫りにした。それは何か。

津田さんは退去の事実を知っていながらも、近隣付き合いを大事にし、多くの友人とともに20年を過ごした。もし退去のことがずっと念頭にあり続けていたら、いつか離れる人と濃い関係性を築こうとは思わないだろう。それは、被災当事者にとって安心できる住まいではなく、幸せな暮らしとはいえない。

「自然と、仲良くなろうとか思わなくても、気づいたら仲良くなっていた。だから20年なんてずっと先のことだと思っとった」（津田さん22・1・21）

コミュニティ活動を通して人間関係を築いた津田さんだからこそ、20年という退去の期限は次第にリアルなものではなくなっていった。上記の言葉も、日々の積み重ねとして20年間が充実していたからである。

一方の山村さんは、終の棲家だと信じて20年以上暮らしてきた。当然、濃密な近隣付き合いを継続して、コミュニティを創り上げていた。曲がったことが許せず、行動力がある山村さんは、たくさんの住民から慕われていた。それがある日突然、退去通知を突きつけられた。終の棲家ではないと知ったその瞬間から、その日までの暮らしは「仮暮らし」となった。

しかし、退去期限を知っていた／知らなかったという立場の異なる二人が、日々コミュニティのなかで挨拶を交わし、行事に参加し、友人関係を深めながら、ともに暮らしを創り上げてきた。二人にとっての20年間は、本当の暮らしの重みをもって、確かに存在する。それが結果的に「仮暮らしからの退去」という法的強制力を無効化しているといえる。

4.2　集合的記憶の新たな視角：未来へのプロセス

大震災とは、何年何月何日に巨大な破壊力を伴う地震エネルギーが放出される一瞬のイベントであっただけでなく、後から常にフィードバックを求められるような、再帰的な時間幅を持つ歴史的出来事として捉えられる。このことをさらに深めて考えてみよう。

歴史上の災害や戦災や大事故は、集合化されて記憶されてきた。たとえば大勢の人が亡くなった災害では、多くの場合、故人の埋葬と供養とは別に、公共の場に慰霊碑などを建立し、「あの日」の記憶を集合化して、そこに刻み込もうとする営みが見られる。それを社会学では「集合的記憶」と呼んでいる。

集合的記憶とは、フランスの社会学者アルヴァックスが提唱した概念である。心理学的実験のような個人の記憶ではなく、人間は集団のメンバーとして過去を想起し、「人が思い出すのは、自分を一つないし多くの集団の観点に身を置き、そして一つないし多くの集合的思考の流れの中に自分を置き直してみるという条件においてである」（アルヴァックス 1950=1989: 19）。集合的記憶の特徴は、必ずしも過去の出来事を直接体験した当事者に限らず、それ以外の人たちにも「過去の記憶の共有」が起こり得る点であろう。

集合的記憶の観点から見ると、山村さんと津田さん二人の「仮暮らし」の問いから、阪神淡路大震災の記憶が大きく分けて、二つから成り立っていることがわかる。一つは1月17日のつらい記憶である。それに対して、もう一つは、震災という出来事は過ぎ去ったのではなく、借上げの20年問題によって、常に震災が今ここにフィードバックされ続けているといえる。過去の記憶であれば、風化していずれは消えていく。被災した多くの人にとって、地震の瞬間こそが強烈に記憶されるが、二人にとって震災とは、そうした「点」の記憶ではない。過去からつながり、未来へと延びていく「線」であることが大きな特徴である。

このことから、そして次に述べるように、集合的記憶には、アルヴァックスがいうような過去の出来事の共有だけではなく、未来を含めた現在進行形のプロセスの共有化という新たな視角をつけ加えることができるだろう。

4.3 未来の課題

災害や大事故の被災当事者は、「家族を失ったつらい経験などで時間が止まり、過去から立ち直れない、過去にとらわれて前を向けない」というイメージで見られることが多い。

しかし、「阪神淡路大震災から立ち直ってきたし、家も見つかったし、私はここで死ぬんだ、ここが終の棲家なんだ」と現在と将来を見通していた当事者が、20年問題によって、これからも震災に起因する新たな問題、すなわち、新しい住まいを探して、ゼロから新しいコミュニティを築くという課題の解決に直面させられた。借上公営住宅の居住者全員に、未来の課題が集合的に突きつけられた。山村さんも、以下のように話してくれた。

「挨拶交わして、会話のキャッチボールできるようになるまでが、時間がかかったんだよ。できるだけ朝晩エレベーターで、挨拶を交わしながら会話をしていって、今日暑いねとか、寒くなったねとか、一階まで降りる十何秒の間で話す。そしたら会話好きの人は、次からは挨拶してくれるやん。それで仲間をつくっていく。最初から仲間ができるわけじゃない。挨拶交わしだして、こっちから挨拶して、向こうから挨拶返ってくるようになったらいい。そんな関係性がやっとできたからこそ、（移り住む）家があるから転居するということにはいかないんだ」（山村さん21・12・3）

そして、今まで過去の災害の結末だと思ってきた阪神淡路大震災後の人生は、被災当事者にとって、未来に目を向けて手探りで必死に生きていくプロセス（過程）であると理解することが、重要である。二人にとって、震災後の借上公営住宅への入居は、過去だけではなく、現在そして未来もつなぐ出来事になっている。借上公営住宅の住民たちは、退去通知に抗い住み続ける運動を通して、未来に向けて、仮暮らしから本当の暮らしを自分たちの手で取り戻そうとしたのである。

おわりに

本章では、借上公営住宅の20年問題を、阪神淡路大震災の集合的記憶とコミュニティの観点から見てきた。

山村さん、津田さんお二人にとって震災の記憶は１９９５年1月17日に起きたことだけではなく、借上公営住宅の20年問題が解決するまで、プロセスとして続いてきたのである。これら二つの出来事は二人が創り上げてきたコミュニティによって、より確実で濃い記憶となっていった。近隣関係が構築されず、関係性が希薄なコミュニティであったならば、継続入居も実現せず、退去という法の執行が推進されていただろう。

つまり、阪神淡路大震災の記憶というのは、過去を思い出すことではなく、日常生活の中に生き続けていることになる。仮暮らしの20年は、コミュニティ実践の積み重ねとして結果的に法的期限を無効にして、本当の暮らしを成り立たせているのである。すなわち、20年問題という法的障壁を掘り崩し、被災当事者の生きられた20年の生活の積み重ねの延長線上に、住まう権利を獲得してきたといえるだろう。

復興の本質は、地震の被害を元に戻すだけではなく、「ただいまと帰る家がないのはつらい」（山村さん、同）という痛みの声を受け止め、安心して住み続けられるコミュニティを回復するまでを表すのではないだろうか。

参考文献

Halbwachs, Maurice, 1950, *La mémoire collective*, Paris: Presses Universitaires de France. = 1989 モーリス・アルヴァックス『集合的記憶』小関藤一郎訳、行路社

市川英恵 2020「阪神・淡路大震災被災地における借上復興住宅立退問題と訴訟」『復興』23号：21-6.

市川英恵・兵庫県震災復興研究センター編 2017『22歳が見た、聞いた、考えた「被災者ニーズ」と「移住

の権利」』クリエイツかもがわ
市川英恵・兵庫県災害復興研究センター編　2018『住むこと　生きること　追い出すこと　9人に聞く借り上げ復興住宅』クリエイツかもがわ
伊藤亜都子 2018「阪神・淡路大震災の復興過程における災害復興公営住宅のコミュニティ形成と課題」『社会学年報』47: 37-47.
金菱清 2008『生きられた法の社会学――伊丹空港「不法占拠」はなぜ補償されたのか』新曜社
高橋和雄・中村百合・清水幸徳 1998「阪神・淡路大震災における応急仮設住宅の設置と長期間使用する場合の課題に関する調査」『土木学会論文集』604/IV-41: 99-111.
中澤秀雄 2009「環境という風景とアイデンティティ」関礼子・中澤秀雄・丸山康司・田中求『環境の社会学』有斐閣: 31-47.
兵庫県震災復興研究センター編 2018『「災害多発社会を考える」報告書（Ⅲ）〝復興災害〟の現状と課題』
兵庫県震災復興研究センター編 2021『「災害多発社会を考える」報告書（Ⅵ）〝復興災害〟の現状と課題（その2）』
兵庫県震災復興研究センター編 2022『まもられなかった人たち――検証「借上復興公営住宅」の強制退去策』クリエイツかもがわ
福永真弓 2007「鮭の記憶の語りから生まれる言説空間と正統性――米国カリフォルニア州マトール川流域を事例に」『社会学評論』58(2): 134-51.
溝井裕一 2009「伝説と集合的記憶――伝説において過去はいかに「想起」されるのか」『関西大学東西学

術研究所紀要』42: 61-99.

参考資料

神戸市　2021. 9. 8 更新「阪神・淡路大震災　データから見る震災」https://www.city.kobe.lg.jp/a44881/bosai/disaster/earthquake01/earthquake04.html（2023.1.25 閲覧）
神戸市建築住宅局住宅整備課「1　借上市営住宅のこれまでの経緯」（2023.1.25 閲覧）
神戸新聞 2014. 1. 13「借上復興住宅　20年目の漂流⑶入居許可書　期限の明示はなし」https://www.kobe-np.co.jp/rentoku/sinsai/20/rensai/201401/0006634133.shtml（2023.1.25 閲覧）
神戸新聞 2015. 9. 28「借り上げ復興住宅、迫る退去期限　阪神・淡路大震災20年」https://www.kobe-np.co.jp/rentoku/sinsai/21/201509/0008437677.shtml（2022.3.25 閲覧）
神戸新聞 2020. 1. 14「81歳女性、市長に手紙「行き場ない」復興住宅の退去判決確定」https://www.kobe-np.co.jp/news/sougou/202001/0013032347.shtml（2023.1.25 閲覧）
兵庫県住宅供給公社「兵庫県営住宅入居申込案内書」（2023.1.25 閲覧）

あとがき

金菱ゼミナール学生代表　追立　花菜

「27年前のことを今から調べて何かの役に立つの？」
「震災を経験していない自分たちに何ができるの？」

阪神淡路大震災どころか、他の災害も経験していない私たちにとって、調査時点で27年も前の震災をテーマに研究を進めることは難題であった。

みんなに本を作る意志があればやってみようとの金菱教授の提案で、このプロジェクトは始まったが、この提案に対する結論はスムーズには出なかった。というのも、本を作成することには様々な力不足の問題があったのだ。まず一つめの問題として、新型コロナウイルスの影響で対面授業は禁止されていたため、オンラインでのゼミ活動を強いられていたことがある。しばらくの間、おもにzoom上でゼミがされていたが、この活動方法ではゼミ生同士の仲が深まるどころか、名前を覚えるのが精一杯であった。対面で全員が集合できることがほとんどなかったため、ゼミに参加しているという自覚を持つのすらギリギリといった状況である。

次に二つめの問題として、27年前の阪神淡路大震災を経験した人を探すのが困難であることも挙げられた。自分自身が震災を経験していない上に、親世代も大きな被害に遭っていないゼミ生が多かった。リアリティのあるフィールドワークをめざすため、なるべく身近な存在で話を聞ける人を探したかったのだが、コロナ禍で人と会うことや県を跨いでの移動の自粛が求められたこともあり、それはなかなか難しかった。

最後に三つめ、これが一番大きな問題であった。それは、そもそも27年も前の震災がテーマであることである。阪神淡路大震災の研究は、今まで数多くの人がしてきただろう。そのため、震災を経験すらしていない大学生である私たちが、今研究する意味を見出せなかったのである。今更新しい発見など見つけられるわけがない、というのが正直な気持ちであった。

本を作るかどうかという問いはいったん保留になり、とりあえず各々研究を進めることとなった。一人ひとりテーマを決めなければならないが、「乗り越える」「克服」「心の傷が癒える」「トラウマ」そんな言葉ばかりを追ってしまう。元来私たちは、震災を経験した人々は、それを乗り越えて現在を生きているのだと考えていた。その一方で、乗り越えられなかった人は、トラウマとして震災の負の記憶を引きずっているのだろうと。震災を経験していない私たちには、そのような震災に対する固定概念や先入観がこびりついていたのである。

研究を始めた当初は、どこか他人事で、過去の出来事について調べているという印象であった。しかし、インタビューを重ね、被災者の方々と会話を交わしていくうちに、一人ひとりが「阪神淡路大震災」というテーマに没入していくようになった。阪神淡路大震災は「27年前の出来事」ではなかった。27年経っても、人々の心の中で震災の記憶は生きていた。一人ひとりの人生の中で、震災の経験というのは、本当に多様な役割を担っていたのである。そう気づいた頃には、全員が本を作ることに対して積極的な気持ちで取り組むことができるようになっていた。

そして、前述したような言葉で震災を語ろうとしていたことが、いかに軽薄であったかを今では強く感じることができる。当たり前ではあるが、人と震災との関わり方というのは、「乗り越えた」「乗り越えられなかった」などという単純なものではない。時間の経過や、その後の人生経験によって「傷が癒える」ことが正解でもない。一人ひとりのライフストーリーと向き合うことが何より大切であるとわかった。

本書は、私たちのように震災を経験していない人にぜひ読んでいただきたい。それは、当初の私たちのように、メディアによって植えつけられた、やけにドラマチックな先入観を持っていたとしたら、取り払ってほしいという願いからである。震災などの大きな災害は、その一瞬で終わる出来事ではない。街が元通りになることがゴールであるともいえない。

そして何より、「復興」や「風化させない」ことが正義のように語られるこの世の中であるが、本当にそうだろうか。苦難から立ち直り、強く生きていくことだけが美談として語られるべきなのか、本書を通してさまざまな声に耳を澄ませて考えていただけると幸いである。
最後に、快くインタビューに協力してくださった皆様、活動を支えてくれたすべての方々に感謝する。インタビュー調査と並行して、震災の報道、資料、専門論文などを参照し、各自で研究をまとめたが、不十分な記述や誤解があったかもしれない。読者の方々にご教示をお願いしたい。

関西学院大学　震災の記録プロジェクト（金菱清ゼミナール２０２２年度四年生）
多田　彬人　ただ　あきと　第１章
出原　優輝　いずはら　ゆうき　第２章
米澤あゆみ　よねざわ　あゆみ　第３章
木村　彩子　きむら　あやこ　第４章
中山愛里菜　なかやま　えりな　第５章
追立　花菜　おいたて　かな　第６章
中野　智子　なかの　ともこ　第７章
湯田菜生美　ゆだ　なおみ　第８章
吉村　萌湧　よしむら　もゆ　第９章

編者紹介

金菱　清（かねびし・きよし）

1975年　大阪生まれ

関西学院大学大学院社会学研究科博士後期課程単位取得退学　社会学博士

現在　関西学院大学社会学部教授

（2020年3月まで東北学院大学教養学部地域構想学科教授）

専攻　環境社会学・災害社会学

主著　『生きられた法の社会学――伊丹空港「不法占拠」はなぜ補償されたのか』新曜社 2008（第8回日本社会学会奨励賞著書の部）；『3.11 慟哭の記録――71人が体感した大津波・原発・巨大地震』（編著）新曜社 2012（第9回出版梓会新聞社学芸文化賞）；『千年災禍の海辺学――なぜそれでも人は海で暮らすのか』（編著）生活書院 2013;『新体感する社会学――Oh! My Sociology』新曜社 2014;『震災メメントモリ――第二の津波に抗して』新曜社 2014;『呼び覚まされる霊性の震災学――3.11 生と死のはざまで』（編著）新曜社 2016;『震災学入門――死生観からの社会構想』ちくま新書 2016;『悲愛――あの日のあなたへ手紙をつづる』（編著）新曜社 2017;『私の夢まで、会いに来てくれた――3・11 亡き人とのそれから』（編著）朝日新聞出版 2018;『3.11 霊性に抱かれて――魂といのちの生かされ方』（編著）新曜社 2018; 令和元年度社会調査協会賞（優秀研究活動賞）受賞;『災害社会学』放送大学教育振興会 2020;『震災と行方不明――曖昧な喪失と受容の物語』（編著）新曜社 2020;『永訣――あの日のわたしへ手紙をつづる』（編著）新曜社 2021;『逢える日まで――3.11 遺族・行方不明者家族10年の思い』（河北新報社編集局と共著）新曜社 2022

災害の記憶を解きほぐす
阪神・淡路大震災28年の問い

初版第1刷発行　2023年4月10日

編　者　関西学院大学 震災の記録プロジェクト
　　　　金菱　清（ゼミナール）
発行者　塩浦　暲
発行所　株式会社　新曜社
　　　　101-0051　東京都千代田区神田神保町3-9
　　　　電話 03（3264）4973（代）・FAX03（3239）2958
　　　　Email: info@shin-yo-sha.co.jp
　　　　URL: https://www.shin-yo-sha.co.jp
印刷製本　中央精版印刷

ISBN978-4-7885-1812-4 C1036